Fred Hageneder

HAPPY
PLANET

Jetzt handeln für eine glückliche Erde

NEUE ERDE

1 Auflage 2019

Happy Planet
Fred Hageneder

© Neue Erde GmbH 2019
Alle Rechte vorbehalten.

Titelseite:
Illustration: Elaine Vijaya Nash
Gestaltung: Dragon Design, GB

Satz und Grafiken:
Dragon Design, GB
Gesetzt aus der Myriad Pro

Gesamtherstellung: Appel & Klinger, Schneckenlohe
Printed in Germany

ISBN 978-3-89060-753-5

Neue Erde GmbH · Cecilienstr. 29
66111 Saarbrücken · Deutschland · Planet Erde
www.neue-erde.de

Inhalt

Ich kann meine Hände verlieren,
und dennoch leben.

Ich kann meine Beine verlieren,
und dennoch leben.

Ich kann meine Augen verlieren,
und dennoch leben.

Ich kann meine Haare verlieren,
meine Augenbrauen, Nase, Arme,
und vieles andere,
und dennoch lebe ich.

Aber wenn ich die Luft verliere, sterbe ich.

Wenn ich die Sonne verliere, sterbe ich.

Wenn ich die Erde verliere, sterbe ich.

Wenn ich das Wasser verliere, sterbe ich.

Wenn ich die Pflanzen und Tiere verliere,
sterbe ich.

Sie alle sind mehr ein Teil von mir,
notwendiger für jeden meiner Atemzüge,
als mein sogenannter Körper.

Was ist mein wirklicher Körper?

Jack D. Forbes

Liebe Leserin, lieber Leser!

Dies ist ein interaktives Buch. So gut es eben geht.

Um der Erde Papier und Energie zu ersparen – und der/dem Leser/in das Abtippen unmöglicher URLs – haben wir die Quellenangaben, Tips und Links auf eine Web-Seite ausgelagert.

Im Text verstreut finden Sie hübsche kleine Quadrate, die auf folgendes hinweisen:

- ■ Die gelben Quadrätchen führen zu den Quellenangaben, das können schlaue Bücher sein, aber zumeist Artikel von seriösen Zeitungen, wissenschaftliche Studien oder die Websites von Organisationen wie der UN oder Naturschutzorganisationen.

- ■ Die blauen Quadrätchen weisen darauf hin, dass es zu dem vorstehenden Themenpunkt Zusatzinformationen auf der Web-Seite gibt, die wir – statt eine lange Fußnote in Winzschrift zu erzeugen – lieber aus dem Druckwerk ausgelagert haben, weil sie eh nicht jede/n interessieren dürften.

- ■ Die grünen Quadrätchen sind die Leckerbissen: Da finden Sie meine Buchempfehlungen zum Thema und vor allem Links zu Video-Clips oder Filmtipps.

Die Web-Seite ist
www.geist-der-baeume.de/happy-planet-links

Willkommen!

Herzlichen Glückwunsch zu Ihrer Geburt auf dem Planeten Erde!

Die Erde ist er der einzige *lebendige* Planet, den wir kennen.

Er bietet eine wunderbare Artenvielfalt, ständige Abwechslung in Form und Farbe, Klang, Geschmack und der Welt der Düfte. Berge, Strände, Wälder und heimelige Winkel sind Balsam für die Seele, die sich hier voll entfalten kann.

Unzählige Begegnungen mit anderen Lebewesen, mit anderen Weisen zu sehen und zu fühlen, erwarten die Reisenden durch Raum und Zeit. Dabei begegnen sie auch immer sich selbst.

Der Himmel hat auf Erden begonnen, materielle Gestalt anzunehmen.

Allerdings haben sich einige Probleme aufgetürmt, die in jüngerer Zeit (den letzten 5000 Jahren) durch eine falsche Handhabung des Planeten Erde entstanden sind.

Es ist daher an der Zeit, eine Bedienungsanleitung für den Planeten nachzuliefern. Da man den Planeten aber nicht »bedienen« und schon gar nicht »gebrauchen« soll, wollen wir sie einen »Leitfaden« nennen. Diese Bezeichnung passt auch zu der Notwendigkeit, dass im Zeitalter der Informationsflut, Fake News und falscher Propheten eine klare Orientierungshilfe gebraucht wird.

> **Vor Inbetriebnahme des Planeten sorgfältig die Sicherheitshinweise lesen!**
> Was bedeutet: diesen ganzen Leitfaden.

Planetenbeschreibung

Der Planet Erde ist ein Premiummodell der Sonderklasse, das selbst intergalaktisch nicht seinesgleichen findet.

Das Lebenssystem des Planeten Erde, auch **Gaia** genannt, hat einige wesentliche Komponenten, die allesamt eng miteinander vernetzt sind:

Zeichnung nicht maßstabgetreu

Polareiskappen Kühlaggregate des Planeten. Durch die weiße Farbe haben sie eine hohe Albedo (Rückstrahlkraft von Sonnenenergie). Enorme Frischwasser-Reservelager. Neben dem Tropengürtel die zentralen Klimaorgane.

Atmosphäre Schutz der lebendigen Erde vor schädlicher kosmischer Strahlung. Matrix für alle Lebewesen außerhalb des Meeres, zuständig für die Verteilung nährender Elemente (Sauerstoff, Kohlenstoff, u.a.) und den Abtransport von Ausscheidungen (Sauerstoff, Kohlenstoff, u.a.). Matrix für Wetter- und Klimageschehen.

Weltenmeer Ursprung des biologischen Lebens. Größte Artenvielfalt. Unter Sonneneinstrahlung zentraler Klimamotor. Größter irdischer Speicher von CO_2.

Meeresbewohner Die größte denkbare Artenvielfalt ist ein wichtiger Teil des Gleichgewichts verschiedener maritimer Funktionskreisläufe (z.B. Sauerstofferzeugung durch Algen, CO_2-Bindung und -Ablagerung, Calcium-Entsorgung).

Wolken Schutz der Erdoberfläche vor zuviel Sonnenwärme. Verteilung lebensspendenden Wassers auf dem Festland. Entstehen durch Verdampfung von Meerwasser sowie durch Transpiration (Wasserausscheidung) von Waldbäumen.

Plattentektonik und Vulkanismus werden durch die Magmaströme des Erdinneren erzeugt. Gebirge, Nebeneffekte der Plattentektonik, sind wichtig für das Wettergeschehen und die Wasserverteilung (Wetterscheiden, Wasserscheiden, Bergquellen) und tragen enorm zur irdischen Artenvielfalt bei.

Wälder Essentiell wichtig für die Erzeugung freien Sauerstoffs in der Atmosphäre. Hauptorgane für das globale Klima. Wesentlicher Lebensraum auf dem Festland. Größte Artenvielfalt außerhalb der Ozeane.

Böden Ohne die Humusschichten gäbe es kein tierisches und pflanzliches Leben auf den Festland. Sie bilden sich im oberen Bereich durch Zerfall organischen Materials (von Pflanzen und Tieren), im unteren dadurch, dass Bakterien und andere Mikroorganismen Felsgestein zersetzen und in Pflanzennährstoffe umwandeln.

Pilze Riesige Kommunikationsnetzwerke im Waldboden (»Wood Wide Web«), die Nährstoffe und Informationen intelligent verteilen. Werden fälschlich oft den Pflanzen zugerechnet, stehen aber biologisch den Tieren näher.

Grünpflanzen Durch Photosynthese Umwandlung von Sonnenenergie in chemische Energie, die dadurch allen Lebewesen als Nahrung zur Verfügung steht. Globales Kühlsystem: Die Pflanzendecke ist nach dem Weltenmeer das größte Aufnahmeorgan für atmosphärisches CO_2.

Tiere Ein Planet, der nur von Grünpflanzen bewohnt ist, würde allerdings zu kühl werden. Die Fauna schafft ein Gleichgewicht, indem sie CO_2 und Methan wieder in die Atmosphäre einbringt.

Homo sapiens (Mensch) Ungewöhnliche Tierart. Wird nicht wirklich gebraucht. Ist aber fähig, ungezählte andere Tier- und Pflanzenarten glücklicher zu machen durch seine Fähigkeit, *bewusst zu lieben*.

Bedienfeld

Um sich des Lebens auf diesem Planeten zu erfreuen, findet sich Ihr Geist in einem sogenannten »menschlichen Körper« wieder, der Fachbegriff dafür lautet **Homo sapiens**. Dieses *Human Interface* befindet sich physisch auf dem gegenwärtig höchsten Stand seiner Entwicklung. Es wurde über 300.000 Jahre optimal an die Lebensverhältnisse auf der Erde angepasst, mit Vorläufermodellen, auf deren Evolution über 2 Mio. Jahre verwandt wurde.

Der Avatar Homo sapiens ist u. a. mit folgenden Sensoren und Funktionen ausgestattet:

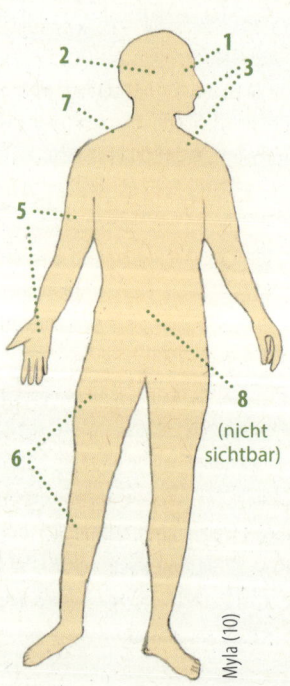

Myla (10)

1 Augen Visuelle Wahrnehmung geschieht mittels hochentwickelter Licht- und Farbrezeptoren, die Lichtfrequenzen von 380 bis 780 Nanometer übertragen. Die Auflösung ist hervorragend, selbst bei näherem Hinsehen ergibt sich nie ein pixeliertes Bild, wie das bei künstlichen Monitoren der Fall ist. Das Sehfeld umfasst 217° – weniger als ein Frosch (330°) aber mehr als eine Schleiereule (160°). Durch die Paarigkeit der Augen können optisch sogar Entfernungen abgeschätzt werden.

2 Ohren Auditive Wahrnehmung von Schalldruckschwingungen in der Luft (oder im Wasser), Frequenzbereich von 16 bis 18.000, max. 20.000 Hertz. Die Schmerzgrenze bei hoher Lautstärke liegt beim dreimillionenfachen (!) Schalldruck des kleinsten hörbaren Geräusches. High Fidelity und Surround-Sound gehören ohne Aufpreis auch zur Standardausführung.

3 Sinnesorgane Zum Riechen, Schmecken und Tasten/Spüren, um die Erfassung der lebendigen Welt noch reicher zu machen.

4 Sechster Sinn (nicht gezeigt) Intuition, Eingebung, »Bauchgefühl«. Sehr wichtig für den Einklang mit der Natur. Verkümmert aber bei Nichtgebrauch.

5 Arme und Hände In Verbindung mit der Arbeit des Gehirns bieten sie die ausgereifteste Mechanik, um in der vierdimensionalen Welt auch wirklich jeden Fug und Unfug realisieren zu können.

6 Beine Zur Fortbewegung durch »Gehen« oder »Laufen«. Im federnden Wechselspiel mit der Gravitation des Planeten wird dabei ein Fuß vor den anderen gesetzt.

7 Haut Vielfältiges Organ als Schutz und für geregelten Austausch mit der Außenwelt. Auf knapp 2 qm können z.B. UV-B-Strahlen aus dem Sonnenlicht aufgenommen werden, um Vitamin D zu produzieren.

8 Darm Vielfältiges Organ zum geregelten Austausch mit der Außenwelt. Die gesamte Darmoberfläche hat (entfaltet) die Größe eines Tennisfelds, und auf diesem Terrain werden molekulare Nährstoffe aus der Nahrung aufgenommen und Schadstoffe entsorgt. Im Darm leben Hunderte für den Menschen lebenswichtige Bakterienarten.

Verpackung und Entsorgung

Der Planet wurde unverpackt geliefert und ist mit voller Werksgarantie mehrere Milliarden Jahre haltbar. Um seine Entsorgung braucht sich also kein Mensch Gedanken zu machen.

Das Human Interface dagegen ist von weitaus kürzerer Lebensdauer. Es wird bei Geburt zwar auch verpackungsfrei geliefert, aber kulturelle Gepflogenheiten der Entsorgung abgelaufener Exemplare können problematisch sein. Wenn die Körper den Elementen (Erde, Feuer, Wasser) zurückgegeben werden, bitte keine Kunstholzverpackungen (sog. Särge), womöglich noch mit synthetischer Auskleidung, verwenden, denn diese setzen große Mengen an Dioxinen und anderen Giften frei, besonders bei Verbrennung. Bei der Entwicklung des Homo sapiens wurde jedenfalls auf vollständige biologische Abbaubarkeit geachtet.

Aufstellort

Der Planet Erde wurde vom Herstellerteam bereits in eine optimale Umlaufbahn um einen vertrauenswürdigen Stern (Sonne) gebracht. Er hat eine
zusätzliche, externe Steuerungszentrale (Mond) für wichtige Zusatzfunktio-
nen (Gezeiten, Biorhythmen) und befindet sich in einem ruhigen Seitenarm
einer verlässlichen Galaxis. Hier braucht Homo sapiens nichts zu tun; er muss
nur darüber nachdenken, wie er sich selbst »aufstellt«.

Sicherheitshinweise und Warnungen

- Planetarische Energieversorgung, Temperaturregelung, elektrischer
  Spannungsausgleich, Bewässerung, Durchlüftung, Säure-Basen-Gleich-
  gewicht, Reinigung, Wartung u.v.m. sind von Natur aus geregelt. Siehe
  Teil 1 dieses Leitfadens.
- Es gibt nur zwei Gefahren, die zu ernsten planetarischen Störungen führen
  können. Die erste ist ein größerer Kometeneinschlag, aber das ist selbst
  nach planetarischen Maßstäben sehr selten. Die Hauptgefahr ist der
  Amoklauf funktionsgestörter Gruppen von Homo sapiens. Siehe Teil 2.
- Bei durch den Menschen verursachten Funktionsstörungen des Planeten
  (z.B. ersten Anzeichen von Klimakollaps oder Verlust von Artenvielfalt)
  schnellstens den Konsum und alle zivilisatorischen Energiesysteme auf
  das Allernötigste drosseln und auf den Reparaturdienst warten. Den finden
  Sie im regionalen Branchenverzeichnis unter – je nach Kulturkreis – Natur,
  Engel, Asen, Götter, Ahnen oder Bodhisattvas.

Reparaturen an beschädigten Planeten dürfen nur durch Fachkräfte durchgeführt werden – die unter den Menschen nicht zu finden sind! Bei seiner
gegenwärtigen Entwicklungsstufe ist die geistige Kapazität von Homo sapiens
in keinster Weise geeignet, auch nur annähernd die Funktionskreisläufe des
Planeten zu verstehen, geschweige denn, in sie einzugreifen. Durch unsach-
gemäßes Herumpfuschen können weitere erhebliche Gefahren für alle Lebewesen entstehen!

Teil I
LEBENDIGE ERDE

1. Gaia verstehen

>»Komplexe Regulierung und gegenseitige
Wechselbeziehungen verbinden alle Tier- und Pflanzenformen
mit der sich ständig wandelnden Erde, welche sie trägt, zu
einem einzigen großartigen organischen Ganzen.«

Alfred Russel Wallace (neben Charles Darwin
Co-Stammvater der Evolutionstheorie), 1876 ■

Die Erde ist kein Gesteinsklumpen, die mit einigen auf seiner Oberfläche verstreuten Lebewesen durchs All saust. Und Leben erscheint auch nicht »einfach so« auf einem Planeten, der sich zufällig in einer »habitablen« (bewohnbaren) Zone befindet (nicht zu dicht und nicht zu weit von einer Sonne). Und das Leben hat auf der Erde auch nicht bloß »ein paar Nischen« besiedelt.

Es ist ganz anders: In den letzten Jahrzehnten hat die Wissenschaft ein immer klareres Bild gewonnen, wie sehr die Gesamtheit des Lebens (die Biosphäre) *aktiv* die lebensfreundlichen Bedingungen auf der Erde erhält. »Die Biosphäre befindet sich nicht nur einfach *in* einer habitablen Zone, sondern sie *erschafft* sie auch«, sagen die Erdwissenschaftler Eileen Crist und Bruce H. Rinker. ■ Über die 3,8 Mrd. Jahre, die das Leben bereits existiert, sind die lebenden (*biotischen*) und nicht-lebenden (*abiotischen*) Naturreiche derart hochgradig miteinander verschmolzen, dass »sie eine bio-geo-chemische Einheit darstellen, die sich als ein sich selbst regulierendes System verhält.« (Crist/Rinker) ■ Mit anderen Worten: *Die Organismen gestalten die Umgebungsbedingungen zu ihrem Vorteil*. Und erhalten sie auch so. (Dies sind

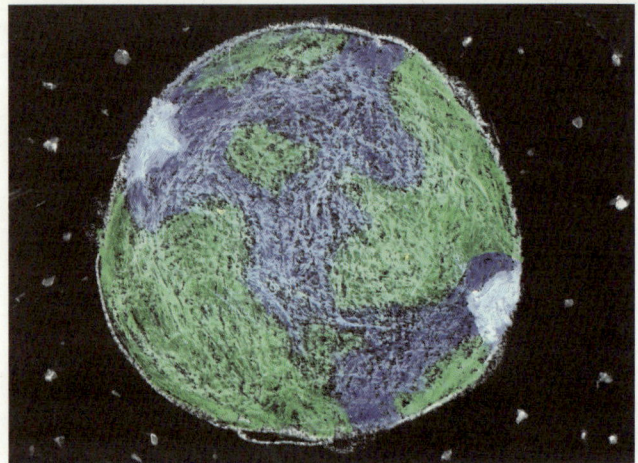

Myla (10)

*Langzeit*wirkungen der *planetarischen* Evolution, und es ist kein Widerspruch, dass einzelne Arten sich durchaus an gewisse Bedingungen anpassen müssen – entlang der Zeitachse ihrer eigenen Entfaltung.) Um das etwas anschaulicher zu machen:

- Als die Erde jung war, hätte sie all ihr Wasser verloren, wenn nicht Myriaden von Bakterien mit viel Aktivität eingegriffen hätten. Ihr Stoffwechsel setzte freien Sauerstoff frei, und andere Arten entließen Schwefelverbindungen. So konnten die ultraleichten Wasserstoffatome daran gehindert werden, ins All zu entweichen. *Ohne Leben gäbe es kein Wasser auf der Erde.*

- Landpflanzen und damit auch Landtiere (inklusive der Gattung Mensch) sind abhängig von fruchtbarem Boden. Und solcher existiert nur, weil Bodenbakterien beständig Mineralstoffe aus dem Muttergestein lösen und organisch aufbereiten.

- Wussten Sie, dass 99% der Atmosphäre von Lebewesen erzeugt wurde? Ein Fünftel der Luft ist Sauerstoff, der per Photosynthese von Pflanzen (auch Algen) ausgeatmet wurde, und vier Fünftel sind Stickstoff, der von Bakterien gereinigt und zur

Verfügung gestellt wurde. Ohne Lebewesen wäre die Atmosphäre der Erde ein Gemisch aus giftigen Gasen und zudem kochend heiß. Auf unserer lebenden Erde waren die Bestandteile der Luft vor kurzem noch Teil lebender Zellen.

Bitte beachten Sie, dass in allen drei obengenannten Punkten Bakterien eine wesentliche Rolle spielen; wir kommen noch auf sie zurück. Der letzte Punkt erwähnt die Oberflächentemperatur, und hier haben wir tatsächlich das Musterbeispiel für die *Selbstregulierung* eines lebenden Planeten.

In dem gigantischen Temperaturspektrum, das im Universum möglich ist – vom absoluten Nullpunkt bis zu Millionen Grad Hitze – ist das Fenster für biologisches Leben äußerst eng: null bis 50°C (mit ein paar Ausnahmen wie thermophilen Bakterien, die bei deutlich höheren Temperaturen in den hydrothermalen Feldern der Tiefsee leben). Da Proteine (Eiweiße) ab 42° gerinnen und Unterkühlung bereits unter 35°C Körpertemperatur einsetzt, haben Menschen und andere Tiere sogar ein noch engeres Fenster. Pflanzen können am besten bei 23°C Photosynthese betreiben, das kommt also als eine optimale Temperatur für das Festland auf den planetarischen Wunschzettel. Und das Ideal für die Ozeane sind 10°C oder etwas darunter, weil dies die effektivste Durchmischung der Oberflächenwasser mit den tieferen Schichten ermöglicht: die *Konvektion* wirbelt Nährstoffe aus den unteren Wasserschichten nach oben und trägt Sauerstoff und CO_2 aus dem oberen Bereich in die Tiefe. Für Meer und Land zusammen ist *die optimale globale Durchschnittstemperatur etwa 15°C. Dies ist die ideale Arbeitstemperatur für den Planeten Erde.*

Als die Erde noch jung war, war ihre eigene Hitze für Lebewesen viel zu hoch. Auch als das magmatische Innere sich abkühlte, blieb die Oberfläche des Planeten aufgrund der Treibhausgase in der Atmosphäre (vorwiegend vulkanisches CO_2) noch lange sehr heiß. Aber über Hunderte von Millionen Jahren hat die unermüdliche Arbeit (Photosynthese) von Mikroorganismen und Pflanzen die Atmosphäre allmählich verändert – und mit ihr die Temperaturen, bis sie so waren wie heute. Aber das Überraschende ist dies:

Astrophysiker sagen uns, dass *seit das Leben vor 3,8 Mrd. Jahren erschien, der Energieausstoß der Sonne um 25 % zugenommen hat*. Wie wir jedoch aus Geologie, Paläontologie und anderen Erdwissenschaften wissen, war das Leben seit seinem Anbeginn

Box 1: Die Wissenschaft von Gaia

Im Jahre 1973 veröffentlichte der britische Wissenschaftler James Lovelock, der seit Jahren für das NASA Mars-Projekt arbeitete, seine erste Studie zum Planeten Erde als komplexen Superorganismus. Die »Gaia-Hypothese« hatte keinen einfachen Start, weil sie verschiedenste Disziplinen wie Biologie, Geologie, Ozeanographie, Paläontologie, Mineralogie, u.v.a. in eine einzige Systemtheorie zusammenführte. In einem Zeitalter, in dem die westliche Wissenschaft äußerst »reduktionistisch« ist, d. h. alles in immer kleinere Teile zerlegt (die Biologie allein hat über dreißig Bereiche), war Lovelocks ganzheitlicher Ansatz, den Planeten Erde zu verstehen, eine gewaltige Provokation – besonders für die Neo-Darwinisten, die u.a. konterten, ein Planet könne sich nicht »entwickeln«, wie es Lebewesen tun.

Dennoch begann mit dem Gaia-Ansatz die Entwicklung der Erdsystemwissenschaft, die heute über dreißig Disziplinen zusammenbringt. Um die Jahrtausendwende reifte die Gaia-*Hypothese* zur Gaia-*Theorie* und ist nun allgemein akzeptiert. Besonders erwähnenswert ist die Bedeutung der Gaia-Prinzipien in der sich rasant entwickelnden Klimawissenschaft. Noch 2012 wurden die Computermodelle der Klimatologen zu recht dafür kritisiert, dass sie die Einflüsse der Biota, insbesondere des Amazonas-Regenwaldes, auf das globale Klima nicht berücksichtigten. Seither hat die Klimatologie (unter dem Druck der Vorboten der Klimazerrüttung) viele der Gaia-Sichtweisen über wechselseitige Erdfunktionskreisläufe übernommen. Die moderne Klimatologie kann man nicht mehr von der Gaia-Perspektive trennen. Das war höchste Zeit, ist aber auch eine Ironie: Es ist wie im Kindergarten: Nur durch Kaputtmachen lernt der Mensch, wie etwas funktioniert.

ununterbrochen gegenwärtig, was bedeutet, dass die Durchschnittstemperatur der Erdoberfläche immer nahe an 15° gelegen hat.

Die Entdeckung in den 1970ern, dass der Planet eine offensichtliche Fähigkeit zur Selbstregulierung der Temperatur hat, führte zu einem neuen Wissenschaftsbereich: der interdisziplinären Erdsystemwissenschaft (*Earth system sciences*). Der lebende Planet wird nun als ein verwobenes Netzwerk aus Ökosystemen gesehen, das innewohnende Fähigkeiten zur Selbstregulierung und Selbsterhaltung hat. Dieses Netzwerk wurde **Gaia** genannt, nach der altgriechischen Urgöttin der Erde. Gaia ist mehr als ein Synonym für die Biosphäre. Gaia ist die Gesamtheit der materiellen Erde und aller ihrer Biota (Lebewesen). Dieses »großartige organische Ganze« ist imstande, die Temperatur und die chemischen und physischen Bedingungen der Erdoberfläche im lebensfreundlichen Bereich zu halten. Dafür arbeiten die vernetzten Lebenssysteme der Ökosphäre; die Energie dafür wird vom Sonnenlicht gespendet.

Doch es geht nicht nur um Temperatur. Viele physikalische Eigenschaften des Erdsystems bedürfen eines fein abgestimmten Gleichgewichts:

- Temperaturen, Wetter und Klima weltweit;
- der Salzgehalt der Meere;
- der Sauerstoffgehalt der Atmosphäre;
- das (chemische) Reduktionspotential, bes. der atmosphärischen Gase;
- die Luftelektrizität;
- der Säuregehalt von Luft, Wasser und Böden;
- die Verfügbarkeit von Wasser auf den Kontinenten;
- die Verteilung der Mineralnährstoffe;
- die Stärke der kosmischen Strahlung.

Das Netzwerk der Ökosysteme und ihrer Lebewesen ist eng verflochten (wie die Organe in unseren Körpern), und der planetarische »Stoffwechsel« von Materie und Energie erhält Gaias aktive Regulierung der obengenannten Faktoren. So ist es kein Wunder, dass Gaia auch *Superorganismus* genannt wurde. In der Wissenschaft ist dieser Begriff für Gaia allerdings umstritten und daher weitgehend wieder verworfen worden, weil nach biologischer Definition ein Organismus fähig sein muss, Nachkommen zu zeugen, so dass sich über Generationen die Art durch Vererbung und Anpassung evolutionär »entwickeln« kann. Es ist natürlich wahr, dass Planeten keine »Nachkommen« haben, aber zweifellos entwickelt sich die Erde eben doch (siehe nächsten Abschnitt).

Für den allgemeinen Sprachgebrauch jedenfalls ist der Begriff schön und praktisch. Gerade so, wie die Zellen unseres Körpers Organe und Gewebe bilden, die zusammenarbeiten und kommunizieren, um den Stoffwechsel des Körpers zu ermöglichen, so bilden die Tiere und Pflanzen Ökosysteme, die zusammenarbeiten und kommunizieren, um den Stoffwechsel der Erde zu ermöglichen. Ameisen- und Bienenstaaten gelten als Superorganismen, der menschliche Körper ist einer, und auch menschliche Gesellschaften sind Superorganismen. Und ebenso Gaia. In all diesen wirken die einzelnen Elemente zusammen und bilden ein Ganzes, das mehr ist als die Summe seiner Teile. Sowohl die Erde als auch unsere Körper werden von Myriaden von Bakterien bewohnt, deren ständige Aktivität dem Organismus das Lebendigsein ermöglicht.

Und haben indigene Völker nicht schon immer eine organische Sicht der Erde gehabt, Bäche und Flüsse ihre Blutadern genannt, den Wind ihren Atem, die Felsen ihre Knochen? Und genau diese sind *die drei Domänen Gaias: das Meer, die Atmosphäre und das Gestein der Erdkruste.*

Das Meer

Das Leben kommt aus dem Meer. Und das Meer ist immer noch das reichste Ökosystem der Erde und weist die höchste Artenvielfalt auf. Und überall ermöglicht das Wasser es den Lebewesen, zu leben. Wenn sie sich im Sonnenlicht erwärmen, erzeugen die Oberflächenschichten des Meeres riesige Mengen an Wasserdampf, der zu Wolken kondensiert, die schließlich lebensspendenden Regen auf die Kontinente tragen werden (auch wenn der größere Teil wieder ins Meer zurückregnet).

Aber wie feucht die Luft auch sein mag, Wolken säen sich nicht selbst. Es sind die großen Algenfelder, die bestimmte Substanzen freisetzen, die als Kondensationskerne für die Wolkenbildung fungieren. Des weiteren gehören die Meere zu den Hauptakteuren bei der Regulierung des globalen Klimas: Die Ozeane absorbieren atmosphärisches CO_2 und sind der wichtigste Kohlenstoffspeicher der Welt, und die weißen Meereswolken haben eine hohe *Albedo* (Reflektionskraft), die Sonnenenergie wieder ins All zurückschickt und damit den Planeten kühlt (siehe S. 44).

Blossom (4)

Die Luft

Mit all ihren Bestandteilen von Lebewesen selbst erzeugt, ist die Atmosphäre eine perfekte Matrix für den Stoff-Austausch – zwischen Lebewesen ebenso wie zwischen Ökosystemen. Gase, Flüssigkeiten und feste Körper können durch dieses Medium miteinander geteilt und transportiert werden. So können die nicht-maritimen Lebewesen Nahrung finden und ihre Abfallstoffe ausscheiden. Und wie die Rinde eines Baumes beschützen die Schichten der Atmosphäre die lebendige Erde vor schädlichen Strahlen aus dem Weltraum: So absorbiert die Ozonschicht 97–99% der ultravioletten Strahlung. Die Atmosphäre ist eine dynamische, aber empfindliche »Schutzhülle, die vom Leben selbst fortwährend repariert und wiederhergestellt wird«, sagt der australische Ökologe Tim Flannery. ■

Das Gestein

Das Mineralreich gibt dem biologischen Leben ein Fundament, Schutz und Nahrung. Mikroorganismen beschleunigen die Verwitterung von Gesteinen erheblich. Die Zersetzung von Basaltgestein z.B. ereignet sich unter Mitwirkung von Mikroorganismen eintausendmal schneller als unter sterilen Bedingungen. ■ Wir denken gewöhnlich, dass die Gesteine der Erdkruste durch Vulkanismus und andere geologische Kräfte verändert werden, aber 75% der Energie, die weltweit Oberflächengestein verändert, wird von Lebewesen aufgebracht: Pflanzen, Flechten und v.a. Bakterien. Die Auswirkungen ihrer mikroskopischen Arbeit am Gestein sind dreimal größer als die sämtlicher Vulkane der Welt. ■ Mikroben dringen tief in die Gesteinsschichten ein und zersetzen ihre Umgebung mit Hilfe der Säuren, die sie ausscheiden. Manche der so freigesetzten Mineralstoffe werden noch weiter zu organischen Verbindungen umgebaut, die die Pflanzen dann als Nährstoffe aufnehmen können. *So bereiten Mikroorganismen die Grundlage für Mutterboden, eines der großen Kraftwerke des Lebens.*

Quinn (9)

Einige Mineralstoffe werden durch den Regen aus dem Boden gewaschen und finden ihren Weg in den Wasserzyklus, wo sie auch den aquatischen Lebewesen als Nahrung dienen können.

Die Wälder

Die Wälder nehmen eine besondere Stellung ein. Sie gehören nicht zu den abiotischen Ur-Reichen wie die Hydro-, die Atmo- und die Lithosphäre (Meer, Luft und Gestein). Sie sind komplexe Ökosysteme, die Myriaden von Lebewesen einen Lebensraum bieten. Tatsächlich haben Wälder, gleich nach den Ozeanen, die größte Artenvielfalt, die höchsten Umsätze an Biomasse (Blätter, Humus) und den stärksten Einfluss auf regionales und globales Klima. Aber zu Beginn war das Land kahl und öde…

Nachdem das Leben das Meer verlassen hatte, konnten sich die Amphibien nur an den Küsten und entlang der Flussläufe ausbreiten. Damit das Leben die Kontinente besiedeln konnte, bedurfte es einer reichen Wasserversorgung im Binnenland, in jeglicher Entfernung vom Meer. Es war ein Wassertransport landeinwärts nötig. Regenwolken sind ja wundervoll, aber nach

9

spätestens 600 km haben sie ihre nasse Fracht abgegeben. ■ Wie konnte das Leben weiter landeinwärts vordringen? Die Lösung war eine biologische: die Evolution des Waldes – einer kontinuierlichen Pflanzendecke, die aus möglichst großen Pflanzen (Bäumen) besteht und in engem Wechselspiel mit einer Fülle von Bewohnern reiche ökologische Gemeinschaften wachsen lässt. *Wälder sind verantwortlich für die ursprüngliche Ansammlung von Wasser auf den Kontinenten in der geologischen Vergangenheit und auch für deren stetigen Erhalt seither.*

Die Unterwelt

Die Erdkruste ist eine (mehr oder weniger) feste Schale um das Erdinnere, welches heißer ist und in ständigem Fluss. Die Schicht unter der Kruste wird Erdmantel genannt. Sie besteht aus Silikatgestein, welches weitgehend fest ist; aber in geologischer Zeit verhält es sich wie eine viskose Flüssigkeit. Die Kruste ist geteilt in eine Anzahl von Platten, die sich langsam mit- oder gegeneinander bewegen. Nebeneffekte dieser Plattenbewegungen sind Erdbeben, Vulkangürtel und Bergketten.

In den »konvergenten« Zonen auf dem Meeresboden, in denen eine Platte unter eine andere abtaucht (Subduktion), werden Basalt- und Sedimentschichten in die Erde zurückgeführt. Hier sinken Basaltgesteine in Tiefen von 400 bis 650 Kilometern, wo sie durch Druck (durch das Gewicht der darüberliegenden Gesteine) und Hitze (durch Nuklearprozesse im Erdinneren) umgeschmiedet werden. Und eines Tages werden sie in den »divergenten« Zonen vulkanischer Aktivität wieder als frischer Basalt erscheinen. ■ Wenn sich jedoch eine ozeanische und eine kontinentale Platte treffen, wird die letztere nach oben geschoben (weil kontinentale Platten leichter sind), und es entstehen Gebirge. Am unteren Rand bildet sich neuer kontinentaler Granit. Ohne diesen Prozess würden die Kontinente über mehrere Zehnmillionen Jahre durch Verwitterung vollständig verschwinden.

Bei seiner Entstehung in den divergenten Zonen wird der Meeresboden-Basalt stark mit Wasser durchsetzt. Dadurch ist er später bei der Subduktion überhaupt biegsam genug. Auch die Metamorphose organischer Kalksteinablagerungen schafft ein zusätzliches »Gleitmittel«. Da für diese Prozesse – die eine Voraussetzung dafür sind, Kontinente entstehen zu lassen – große Mengen an Wasser benötigt werden, und weil es ohne das Leben auf der Erde weder Kalksteinablagerungen noch Wasser gäbe, können wir sagen, dass das Leben (zusammen mit der Wärme aus dem Erdinneren) seit jeher zur Entstehung der Kontinente beiträgt. Die kreisförmige Gaia-Dynamik ist: **ohne Leben kein Wasser > ohne Wasser keine Plattentektonik > ohne Plattentektonik kein Leben.**

Und indem sie die vulkanische Aktivität und Bildung der Kontinente antreibt, wird durch die Plattentektonik auch Kohlenstoff an die Atmosphäre abgegeben, was verhindert, dass die Erde in einen dauerhaft gefrorenen Zustand eintritt.

Das gesamte Erdsystem einschließlich seiner mächtigen geologischen Prozesse wird zunehmend als den Lebensprozessen innewohnend anerkannt. Der Wissenschaftsjournalist Richard Monastersky schreibt im *New Scientist*: »Es ist nun klar, dass die einzelnen Regionen (Kruste, Mantel und Kern) in ein mehrkanaliges Gespräch verwickelt sind. Über wichtige Grenzlinien und Tausende von Kilometern hinweg haben diese Bereiche tiefgreifende Auswirkungen aufeinander.« Im selben Artikel sagt der Seismologe Don Anderson: »Man muss die Erde als System behandeln; man kann nicht nur einen Teil davon betrachten.« Und die Evolutionsbiologin Elisabet Sahtouris kommt zu dem Schluss, dass »wir die Biosphäre nicht mehr allein als bedeutungsvolle Einheit betrachten können, sondern von der ganzen Erde sprechen müssen, vom innersten Kern bis zu den sie umgebenden Magnetfeldern, als eine systemische Einheit«.

Das Salz der Erde

Salze, die durch die Verwitterung von Gesteinen freigesetzt werden, werden von Flüssen transportiert und sammeln sich im Meer an. Die gelösten Mengen sind winzig (daher schmecken wir kein Salz im Süßwasser), es dauert etwa 60 Millionen Jahre, bis die Flüsse der Welt den gesamten Salzgehalt des Weltenmeeres transportiert haben. Im Meerwasser variiert der Salzgehalt zwischen 3,1 und 3,8 % und beträgt durchschnittlich 3,4 % (d.h. 100 Gramm vollständig verdampftes Meerwasser lassen 3,4 Gramm Salz übrig). 90 % des Meersalzes sind Natrium (Na^+) und Chlor (Cl^-), andere Elemente sind Sulfat (SO_4^{2-}), Magnesium (Mg^{2+}), Calcium (Ca^{2+}) und Kalium (K^+).

Lebende Zellen kontrollieren ihren inneren Salzgehalt mit komplizierten Ionenpumpen in ihren Membranen. Sie müssen ihren inneren osmotischen Druck in Bezug auf ihre Umgebung und ein inneres elektrisches Potential, das ihre Stoffwechselprozesse begünstigt, aufrechterhalten. Der Salzgehalt der Meere von 3,4 % ist einfach perfekt fürs Leben. Die maximale chemische Sättigung von Natrium und Chlor ist zehnmal höher, und wenn der Salzgehalt im Meer 5 % übersteigt, würden die Zellmembranen in Stücke gerissen, und nach dem Verschwinden von Plankton würde alles Leben im Meer sterben. Die geologische Analyse der Sedimentgesteine hat gezeigt, dass sich die Salzkonzentrationen in den Ozeanen in den letzten 570 Millionen Jahren nicht verändert haben, und wir wissen durch die Fossilien auch, dass das Leben in den Ozeanen durchgehend anwesend war. Also, wo bleibt das ganze Salz? Was genau regelt den Salzgehalt der Ozeane?

Eine naheliegende Antwort ist die Plattentektonik. Die riesigen Mengen an Wasser, die vom Basalt aufgenommen und in den oberen Bereich des Erdmantels zurückgeschmolzen werden, sind natürlich Salzwasser. Aber alle Versuche, den stetigen Salzgehalt der Ozeane allein »auf der Grundlage von Chemie und

Physik« nachzubilden, sind weltweit gescheitert. ■ Es gibt aber eine andere Dynamik, und wiederum werden wir zu den Lebewesen und zur Bildung von Salzebenen in Lagunen und Meeresbecken geführt. In Lagunen und abgeschlossenen Meeresbecken in wärmeren Regionen verdunstet Meerwasser. Auf diese Weise bilden sich mächtige Salzablagerungen. Dichte Matten einiger Bakterienarten bilden einen organischen Film über dem Salz; so ist es nicht mehr wasserlöslich, und die zurückkehrende Flut kann die Salzablagerung nicht auflösen. Große sogenannte Evaporitvorkommen von Salzgestein (Halit) gibt es in den USA, Kanada, Pakistan und Großbritannien. Darüber hinaus sind Salze auch in den Schalen toter Meerestierchen eingeschlossen und gelangen mit deren Absinken in die Sedimente des Meeresbodens. Und Algen setzen Chlormethan in die Atmosphäre frei (vgl. Schwefelzyklus, S. 31).

Die geringe Größe der Bakterien lässt uns ihre ökologische Bedeutung falsch einschätzen. Zum einen ist da ihre schiere Anzahl: »Ein tausendstel Liter Sedimentschlamm kann bis zu 100 Millionen salzpumpende Bakterien enthalten.« Und zweitens ihre riesige kollektive Oberfläche: Obwohl Bakterien nur 10–40 % der Biomasse im Meerwasser ausmachen, »stellen sie aufgrund ihres hohen Oberflächen-Volumen-Verhältnisses 70–90 % der biologisch aktiven Oberfläche dar« (Hinkle). Die Mechanismen zur Kontrolle des Salzgehalts im Meer sind jedoch nicht vollständig verstanden; hier ist Raum für weitere Forschungen.

Shanti (8)

2. Ursprünge

Kosmisch

Der Blick auf den Ursprung unseres Planeten im Makrokosmos hilft uns, die Beziehung der Erde zum Universum und ihre Rolle als selbstorganisierende und sich entwickelnde Einheit zu verstehen.

Mit dem Urknall soll vor etwa 15 Milliarden Jahren die Existenz des Universums begonnen haben. Energie und Materie sowie Raum und Zeit erschienen aus dem Nichts (oder aus einer anderen Dimension) in einem Moment der Schöpfung. Nach der Initialzündung kondensierte die Urenergie zu Elektronen, Protonen und Neutronen, und mit weiterer Abkühlung verschmolzen diese Partikel zu Wasserstoffatomen.

Der Urknall produzierte keines der schwereren Elemente. Sie wurden viel später geschmiedet, als Sterne geboren wurden. Deren Schwerkraft begann, Wasserstoffkerne zu Helium zu verschmelzen. Dieser Prozess setzt große Mengen an Energie frei, teils als sichtbares Licht. Das Universum erstrahlte mit der Brillanz der Sterne, und in den ersten paar Milliarden Jahren entstanden keine anderen Elemente. Aber als die Sterne alterten, wuchsen Druck und Hitze in den größten, und es bildeten sich schwerere Elemente. Kohlenstoffatome entstehen (immer noch), wenn Gruppen von drei Heliumkernen fusionieren. Als die Sterne noch weiter alterten, entstanden aus der Verschmelzung von Kohlenstoff dichtere Elemente wie Natrium, Magnesium, Sauerstoff und Eisen. Nur die größten Sterne schufen noch schwerere Elemente als das Eisen.

Schließlich sterben Sterne, indem sie zuerst zusammenbrechen und dann explodieren. Diese Explosionen (Supernovae) schicken riesige Mengen von Wasserstoff und den anderen frühen Elementen – inzwischen auch Schwefel und Phosphor – in den interstellaren Raum. Einige der elementaren Wolken, die sich aus diesen langsam gebildeten neuen Sternen ergeben, führen zu neuen Supernova-Explosionen und neu synthetisierten Elementen. Vor etwa 4,5 Milliarden Jahren entstand unser Sonnensystem aus dem gravitationalen Kollaps einer riesigen interstellaren Molekülwolke. Alles auf der Erde besteht aus Wasserstoffatomen, die so alt wie das Universum sein könnten, und aus schwereren Elementen, die in sterbenden Sternen (oft mehr als einer Generation) geschmiedet wurden. *Felsen, Wasser, Luft, Bäume, Menschen, Vögel, Delfine, Pilze – wir sind alle aus Sternenstaub.*

Planetarisch

Von Anfang an umkreist unser Heimatplanet die Sonne in genau der richtigen Entfernung für gütige Wärme- und Strahlungswerte. Er hat genau die richtige Größe und damit Schwerkraft, um das Weltenmeer und die schützende Atmosphäre zu halten. Die Konfiguration und Größen (Massen) der anderen Planeten im Sonnensystem sind so gut abgestimmt, dass ihre Gravitationskräfte die Erdumlaufbahn um die Sonne stabilisieren; wenn eine der Massen der anderen Planeten auch nur etwas anders wäre, könnte die Erdumlaufbahn unter enormen Unregelmäßigkeiten leiden.

Noch ein weiterer glücklicher Umstand kam hinzu, als ein marsgroßer Körper gegen die junge Erde schmetterte und unseren Mond von ihr abspaltete. Der Mond ist für die Erde und ihre Lebensvielfalt von entscheidender Bedeutung, denn ohne das zusätzliche Schwerefeld des Mondes würde die Erdachse chaotisch wackeln. Auch unsere Position in der Galaxie ist perfekt abgestimmt: Die Außenbereiche eines der Spiralarme der Galaxie sind sicher vor den lebensfeindlichen Gammastrahlen, die beim Zusammenbruch von Riesensternen im Zentrum der Milchstraße entstehen.

War es reines Glück, dass sich alle richtigen Bedingungen so einstellten, jede von ihnen gegen jede Wahrscheinlichkeit? Wartete die Materie auf die richtigen Bedingungen, um einen sich entwickelnden, selbstregulierenden Planeten mit einer Vielzahl von Lebensformen hervorzubringen? Mit den Worten des Ökologen Stephan Harding: »Die Materie ist bestrebt, sich in die Fülle des Lebenszustandes zu entfalten.« ■

Als die Erde noch jung war, war sie ein ganz anderer Planet als der, den wir heute kennen. Die Ausgasungen der Vulkane führten zu chemischen Reaktionen mit Wasser, in denen der hochreaktive Sauerstoff den Wassermolekülen entrissen wurde. So stiegen die Wasserstoffatome durch die Atmosphäre auf und verließen – da Wasserstoff das leichteste Atom überhaupt ist – das Gravitationsfeld der Erde für immer. Über ein bis zwei Milliarden Jahre hätte die Erde ihr ganzes Wasser verloren – wie ihre Nachbarn Venus und Mars – und wäre unwiderruflich ein toter Planet geworden.

An diesem Punkt begannen Gaias selbstregulierende Kräfte, sich zu zeigen: Das Leben erschien auf der Erde und veränderte die Entwicklung des Planeten. Es entstanden zwei Gruppen von

Bakterien, die in der Lage waren, den Wasserstoff der Erde zu binden: Eine Gruppe konnte Energie gewinnen, indem sie Schwefelwasserstoff in der Nähe des Meeresbodens freisetzte. ■ Eine andere Gruppe erfand die Photosynthese, indem sie Sauerstoff aus CO_2 nahm und für die Bildung neuer H_2O-Atome (Wasser) zur Verfügung stellte. ■ So konnte das Wasser der Erde gerettet werden. ■

Als nächstes musste das Meer gereinigt werden. Die frühen Ozeane waren ein giftiges Gebräu, das u.a. hohe Konzentrationen von Metallen wie Eisen, Chrom, Kupfer, Blei und Zink enthielt. Mikroorganismen begannen, Metalle als Katalysatoren zu verwenden, was ihren Stoffwechsel beschleunigte. Wenn sie starben, deponierten ihre Körper winzige Mengen an Metallen auf dem Meeresboden. Auf lange Sicht reinigte dies die Ozeane von den gelösten Metallen und bildete Sedimente mit Metallerzablagerungen. Auf ähnliche Weise schufen Mikroorganismen Mineralöl- und Gasreserven (fossile Brennstoffe). ■

Freier Sauerstoff war sehr selten, als die Erde noch jung war; er war nur ein Spurenelement in der Atmosphäre. Photosynthetisierende Bakterien und später ihre Nachfolger, die Algen und Pflanzen, brachten den Sauerstoffgehalt der Luft von nahezu Null auf den heutigen Wert von 21 %. Als sich nennenswerte Mengen von Sauerstoff in der Luft ansammelten, begann ein ganz neues Kapitel der Erdgeschichte. Zuerst oxidierte der rastlose Sauerstoff das Methan, das zuvor die Atmosphäre dominiert hatte. Die Sauerstoffzunahme löste (durch die Freisetzung zuvor seltener Nährstoffe) die Entwicklung von immer komplexeren Landpflanzen aus. Die wiederum erzeugten immer mehr Sauerstoff – besonders bemerkenswert sind die riesigen Wälder der Karbonzeit (vor ca. 360–300 Mio. Jahren). Sobald die Luft mindestens 10 Prozent Sauerstoff enthielt, konnten sich größere Tiere entwickeln.

Durch die riesigen Wälder der Karbonzeit schossen die Sauerstoffproduktion und die Kohlenstoffgewinnung quasi über das

Ziel hinaus: Ein Sauerstoffgehalt von etwa 30% und sinkende CO_2-Werte (aufgrund der Absorption durch die Megaflora) führten zu einer riesigen – durch die Prozesse der Erde selbst erzeugten – Eiszeit. Die erste Abkühlung vergrößerte die Gletscher und polaren Eiskappen, und ihre vermehrte *Albedo* (Reflektion von Sonnenenergie) führte zu positiven Rückkopplungen (siehe Kap. 5), die die Erde weiter abkühlten. Auf dem Höhepunkt dieser Eiszeit ■ war die Welt 10 Grad kälter. Gaia brauchte mehrere zehn Millionen Jahre, um zu einem ausgeglichenen Klima zurückzukehren – und einem Luftsauerstoffgehalt von etwa 21%. So etwas passierte nicht wieder, alle späteren Eiszeiten hatten außerirdische Ursachen (siehe S. 60).

Blossom (3)

3. Die Elemente und Kreisläufe

Die Elemente

Der Blick auf die Grundlagen unseres Planeten im Mikrokosmos hilft uns, die Beziehung der Erde zur Materie und ihre Rolle als selbstorganisierende und sich entwickelnde Einheit zu verstehen.

Biotische (biologische) und *abiotische* (nicht-biologische) Wesen bestehen gleichermaßen aus komplexen Molekülen, die aus den chemischen Elementen des Universums gebildet werden. Die kleinsten Einheiten der chemischen Elemente sind die Atome. (Die Quantenphysik können wir hier ignorieren.) Es ist weithin bekannt, dass Atome vor allem leerer Raum sind (99,99 %), und dass diese »Bausteine der Materie« nicht aus Materie bestehen, sondern aus Energie, aus positiver und negativer Ladung. Nach dem gängigen Atommodell haben die meisten Atome von Natur aus nicht den vollen Satz an Elektronen in ihrer Außenbahn. Und sie tun alles, was sie können, um es zu vervollständigen. Das können sie nicht allein, so dass sie miteinander interagieren und

19

dabei Moleküle und immer komplexere Molekularstrukturen bilden. *So sind schon früh in der Schöpfung die Würfel zugunsten von Kommunikation und Vernetzung gefallen.*

Aristoteles sagte, dass das Universum von zwei mysteriösen Kräften regiert wird – Anziehung und Abstoßung. Das gesamte materielle Universum, die gesamte Physik, Chemie und Biologie wären ohne diesen grundlegenden Tanz der Gegensätze nicht möglich. Und Atome, wie auch Menschen, versuchen ständig, Erfüllung zu finden. Wir müssen sie nicht unbedingt als tote, mechanische Einheiten betrachten; sie haben einige eigentümliche Eigenschaften. Natürlich verhalten sie sich immer exakt gleich, wenn sie auf eine bestimmte physikalische oder chemische Situation treffen. Egal, wo im Universum, sie folgen immer den Gesetzen der Physik (vermutet man zumindest). Aber nichts existiert in völliger Isolation, alles hängt von den Beziehungen zu allem anderen ab. *Und bei Atomen geht es sehr stark um Beziehungen.* Verschiedene Beziehungen offenbaren ihre unterschiedlichen Seiten, die für uns oft erstaunlich und nur dann vorhersehbar sind, wenn man weiß, was kommt.

Nehmen wir zum Beispiel Wasserstoff und Sauerstoff. Wasserstoff ist das Zeug, das die Sonne zum Brennen bringt, mit einer Hitze von 5.500°C an der Oberfläche und Millionen von Grad im Kern. Und Sauerstoff ist ein so gefährliches Reaktionsgas, dass, wenn wir nur 4% mehr davon in der Atmosphäre hätten, die gesamte Erdoberfläche in Flammen aufgehen würde. Und was ist das Ergebnis, wenn diese beiden wilden, ursprünglichen Feuergeister kombiniert werden – zwei Wasserstoff- und ein Sauerstoffatom? Kühles, weiches, lebensspendendes Wasser! Wenn das keine Überraschung ist, was dann?

Es gibt sechs Elemente, die für das Leben essentiell wichtig sind. Es sind Kohlenstoff, Wasserstoff, Stickstoff, Sauerstoff, Phosphor und Schwefel.

Dem **Kohlenstoff** (C) fehlen nicht weniger als vier Elektronen in der äußeren Elektronenhülle, was ihn zu einem »hochkooperativen und intensiv sozialem Wesen« macht, wie der Ökologe Stephan Harding sagt.■ Kohlenstoff bildet komplexe Strukturen mit Sauerstoff, Stickstoff, Phosphor und anderen Atomen. Daraus bestehen die DNA und Proteine, womit *Kohlenstoff zur chemischen Grundlage des Lebens gehört*. Darüber hinaus verspeisen wir Kohlenhydrate (Zucker, Stärke und Zellulose im Gemüse) und kleiden uns in sie (Baumwolle, Leinen, Hanf). Bäume haben eine Kohlenstoff-Architektur, die Hälfte des Gewichts von getrocknetem Holz ist reiner Kohlenstoff. 18,5 % des Gewichts des menschlichen Körpers sind Kohlenstoff.

Kohlenstoff ist in zwei der wichtigsten Treibhausgase enthalten: Kohlendioxid (CO_2) und Methan (CH_4). Das dritte ist Wasserdampf. Sie beeinflussen das globale Klima, das Pflanzenwachstum und damit die Sauerstoffproduktion.

Wasserstoff (H) ist das kleinste und einfachste Atom, das es gibt; es hat nur ein Elektron. Ein Wasserstoffatom kann sich entweder mit einem zweiten verbinden und ihre Elektronen als Wasserstoffmolekül (H_2) *teilen*. Oder es kann sein einziges Elektron für immer an einen anderen Wasserstoff *abgeben*: dann wird der Spender zu einem positiv geladenen Ion (H^+), und der Empfänger ein negativ geladenes Ion (H^-). »Wasserstoff ist ein luftiges, leichtsinniges Wesen, das nichts lieber hätte, als unserem Planeten ganz zu entkommen und zu seinen Ursprüngen im All zurückzukehren« (Harding ■). Die Erde würde ihr ganzes Wasser verlieren, wenn es nicht die unzähligen Lebewesen gäbe, die genügend Sauerstoff liefern, um zu verhindern, dass Wasserstoff entweicht. *Ohne Wasser gäbe es kein Leben – und ohne Leben gäbe es kein Wasser.*

Stickstoff (N) ist sterngeboren und ebenfalls von Anfang an Teil der Erde. Die stabilsten chemischen Beziehungen geht er mit sich selbst ein. Wenn zwei Stickstoffatome verbunden sind, ist es quasi »für immer«, und es ist viel Energie notwendig, sie wieder zu spalten. Stickstoff (N_2) ist sehr unreaktiv. Wenn der Mensch es spalten will, um Kunstdünger herzustellen, bedarf es einer Temperatur von 500 °C und eines Drucks, der 1000 mal höher ist als der normale Atmosphärendruck. Aber Bodenbakterien erfüllen die gleiche Aufgabe mühelos, bei »Raumtemperatur« und ohne die Gewässer, die Lebenswelt zu verseuchen.

Als Schlüsselelement in Proteinen und DNA ist Stickstoff lebenswichtig, vor allem für Tiere: Während Pflanzen im wesentlichen Kohlenstoffstrukturen sind, zeichnen sich Tiere wie wir durch eine Stickstoffarchitektur aus.

78 Prozent der Erdatmosphäre besteht aus Stickstoff.

Sauerstoff (O) ist ein hoch reaktiver Stoff. Weil er sich so vehement mit allem verbindet, war er auch so selten in der Atmosphäre der frühen Erde. Vor über 3,5 Mrd. Jahren begannen Cyanobakterien durch Photosynthese freien Sauerstoff zu produzieren. Das konnte den Sauerstoffverbrauch durch tektonische und vulkanische Aktivität zwar lange Zeit nicht kompensieren, aber schließlich trug die unermüdliche Aktivität der Mikroorganismen Früchte, und der freie Sauerstoff nahm zu.

Unser gesamter Säugetier-Stoffwechsel hängt vom Sauerstoff ab: Er wird als *oxidativer Stoffwechsel* bezeichnet, weil unser Körper die zugeführten Lebensmittel mit Sauerstoff verbrennt und daraus Energie gewinnt. Doch dabei ist Sauerstoff eine ständige Gefahr, denn als Nebeneffekt sind unsere Zellen den toxischen Auswirkungen von freien Sauerstoff-Radikalen ausgesetzt. Von unseren fernen bakteriellen Vorfahren haben wir jedoch eine Reihe von Taktiken geerbt (Antioxidantien), um mit diesen Radikalen umzugehen. Aber der Preis ist hoch: Der oxidative Stress der Zellen gilt als ein Schlüsselfaktor der Alterung. Von Sauerstoff zu leben ist, wie mit dem Feuer zu spielen…

Von allen Elementen steht besonders Sauerstoff mit der Entflammbarkeit in Verbindung. Bei weniger als 15 % Sauerstoff in der Luft würde nichts brennen (aber wir würden es nicht bemerken, weil unser Gehirn sich abgeschaltet hätte), aber bei 25% entzündet sich die reine Luft, und selbst das feuchte Holz und die nassen Blätter eines tropischen Regenwaldes würden verbrennen. ◼

Phosphor (P) ist für Lebewesen absolut unentbehrlich. Es wird nicht nur im Aufbau von DNA und RNA sowie für den Energietransport in der Photosynthese benötigt, sondern verbindet sich auch mit Kohlenstoff und Stickstoff zu dem **ATP**-Molekül, das der wichtigste Träger für den Energieaustausch im Körper ist. In der Biosphäre kommt der Phosphor durch Bodenbakterien in Umlauf, die Phosphatgesteine abbauen. Diese Gesteine wurden vor Millionen von Jahren von marinen Mikroorganismen geschaffen und bilden immer noch eine Lebensgrundlage für die gesamte Biosphäre. ◼

Schwefel (S) ist ein wesentlicher Bestandteil aller lebenden Zellen. In Pflanzen und Tieren ist Schwefel in bestimmten Aminosäuren und in allen Polypeptiden, Proteinen und Enzymen, die sie enthalten, sowie in Vitaminen und Antioxidantien enthalten. Überraschenderweise ist Schwefel das siebt- oder achthäufigste Element im menschlichen Körper (bezogen auf das Gewicht); ein 70 kg schwerer Mensch beherbergt etwa 140 g Schwefel. Im Stoffwechsel der Erde kommt Schwefel in seiner reinen Form oder als Sulfid- und Sulfatmineral natürlich und reichlich vor.

Viele andere Elemente sind für die Biosphäre entscheidend. Nach den sechs oben beschriebenen Big Playern gibt es drei, die in geringerem Umfang auftreten, aber nicht weniger wichtig für uns und alle Tiere sind:

Calcium (Ca) ist für die Gesundheit der Muskeln, des Kreislaufs und des Verdauungssystems von entscheidender Bedeutung. Es unterstützt die Synthese und Funktion von Blutzellen, reguliert die Muskelkontraktion, die Nervenleitung und die Blutgerinnung.

23

Das Ca^{2+}-Ion bildet stabile Verbindungen mit vielen organischen Verbindungen, insbesondere Proteinen. Calcium spielt eine besondere Rolle bei der Bildung und Erhaltung von Zähnen und Knochen.

Obwohl Calcium lebenswichtig ist, ist es im freien Ionenzustand hochgiftig. Bereits in den frühen Ozeanen begannen Bakterien und mikroskopische Algen, die gefährlichen Calcium-Ionen in unlösliches Calciumcarbonat ($CaCO_3$) umzuwandeln, um Schalen für sich selbst herzustellen. Dadurch wurde nicht nur der gefährliche Calciumspiegel in den Zellen auf das Nötigste gesenkt, sondern auch der Schutz des Organismus an der Außenfläche erheblich erhöht. Später übernahmen höhere Tiere (auch Menschenarten) den gleichen Trick der »Zellhygiene«, indem sie das Calcium in Knochen und Zähne einbauten.

Eisen (Fe) ist das zentrale Atom im Häm-Molekül, das im Hämoglobin (dem Sauerstoffträger in unseren roten Blutkörperchen) und anderen Häm-Proteinen vorkommt, die am Transport von Gasen, am Aufbau von Enzymen und am Transfer von Elektronen beteiligt sind. Eisen ist auch in bestimmten Molekülen enthalten, die Cofaktoren genannt werden und die Enzyme bei biochemischen Umwandlungen unterstützen. Im Stoffwechsel von Gaia ist Eisen als Bestandteil verschiedener Gesteine wichtig, zum Beispiel Hämatit (Fe_2O_3) und Magnetit (Fe_3O_4). Überraschenderweise können Lebewesen Magnetit produzieren, winzige Mengen davon finden sich in Bakterien, Insekten, Vögeln, Reptilien, Fischen und Säugetieren, die es für die geomagnetisch unterstützte Navigation verwenden. ■ Magnetit wurde auch in verschiedenen Teilen des menschlichen Gehirns gefunden. ■

Silizium (Si) neigt dazu, lange Ketten mit anderen Siliziumatomen zu bilden und sich mit Sauerstoff zu verbinden, zum Beispiel im Silikat-Ion (SiO_4). Sie verbinden sich wiederum zu Siliziumdioxid (SiO_2), das in den hochgeordneten Spiralstrukturen von Quarzkristallen vorkommt. Quarz ist das zweithäufigste Mineral in der Erdkruste und gehört zum Granit-Urgestein der Kontinente. Der menschliche Körper benötigt Silizium für die Herstellung von Elastin (ein hochelastisches Protein für die Blutgefäße) und Kollagen (ein Protein für die Geweberegeneration), weswegen Silizium als gesundheitsfördernd für Nägel, Haare, Knochen und Haut bekannt ist.

Die Kreisläufe

Der Kohlenstoffkreislauf

Als die Erde noch jung war, kamen gigantische Mengen von Kohlenstoff durch die Aktivität von Vulkanen und die Verwitterung von vulkanischem Gestein in die Atmosphäre. Die Meere absorbieren einen großen Teil dieses Kohlendioxids (CO_2), und Flüsse tragen weitere Kohlenstoffverbindungen (aus dem Abbau von Gesteinen) zu den Meeren. Der kontinuierliche Kohlenstoffeintrag wird durch Meereslebewesen ausgeglichen, insbesondere Plankton, Algen (wie Emiliania, siehe S. 32) und Korallen, die bei ihrem Absterben große Mengen an Calciumcarbonat ($CaCO_3$, besser bekannt als Kreide) auf dem Meeresboden ablagern. Dort werden ihre Körper Teil der Bodenschichten, die sich im Laufe der Zeit zu Sedimentgestein verdichten: Kalkstein und Kreidegestein (wie die weißen Klippen von Rügen) sind organisch und stammen von Meereslebewesen.

An Land filtern Bäume und Pflanzen große Mengen an CO_2 aus der Luft, spalten die Moleküle, geben den Sauerstoff frei und nutzen den Kohlenstoff, um Zuckerverbindungen zu bilden. Diese können die aufgenommene Sonnenenergie transportieren und speichern. Die Pflanzen benutzen es für ihre eigenen Körperfunktionen, und wenn sie sterben, teilen sie es mit anderen Lebensformen.

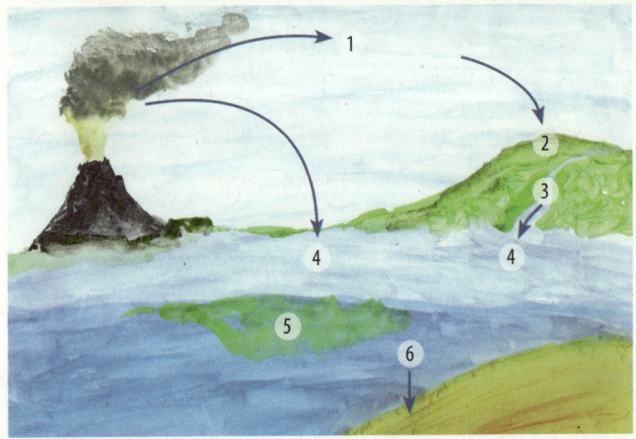

Myla (10)

Abb. 1: Der Kohlenstoffkreislauf

(1) Die vulkanische Aktivität trägt CO_2 in die Atmosphäre ein. (2) Landpflanzen binden CO_2, Kohlenstoff wird in ihrem Körper gebunden und im Boden gespeichert. (3) Flüsse transportieren Kohlenstoffverbindungen ins Meer. (4) Ein großer Teil des vulkanischen CO_2 wird vom Meerwasser aufgenommen. (5) Algen und andere Meeresbewohner binden Kohlenstoff entweder durch Photosynthese oder durch die Herstellung von Schalen, die Kohlenstoff mit Calcium ($CaCO_3$) kombinieren. (6) Myriaden von toten Schalen sinken auf den Meeresboden, ihre Ablagerungen verdichten sich schließlich zu Sedimentgestein. (7, nicht dargestellt) Menschen und andere Allesfresser geben etwas Kohlenstoff in die Atmosphäre zurück, indem sie CO_2 ausatmen und Methan (CH_4) emittieren. (8, nicht dargestellt) Mit der Bewegung der tektonischen Platten werden diese Gesteine zurück in das flüssige Magma des Erdmantels transportiert, wo sie recycelt werden. Manch ein Kohlenstoffatom erblickt vielleicht nach 300 Millionen Jahren wieder das Licht der Welt, wenn ein Vulkanausbruch es aus der Tiefe saugt.

Da CO_2 ein primäres Treibhausgas (THG) ist, spielen die Biota (Wälder und Landvegetation, Plankton, Algen, Korallen, aber auch Weich- und Krustentiere) durch ihren Beitrag zur Schaffung von Kohlenstofflagerstätten eine große Rolle bei Gaias Management des globalen Klimas. Aufgrund ihrer Mikroflora sind die Ozeane die weltweit größten CO_2-Speicher.

Aber auch ein Planet, der nur von Pflanzen bevölkert ist, könnte nicht lange leben. In wenigen Millionen Jahren würden die Pflanzen das CO_2 in der Atmosphäre auf ein gefährlich niedriges Niveau absenken und durch den Verzehr der Decke, die die Erde warm hält, den Planeten in einen dauerhaft gefrorenen Zustand versetzen (*Snowball Earth* genannt). ■ Hier kommen wir Menschen und andere Tiere ins Spiel, und noch mehr die »Fermentierer«, die Aasfresser der Bakterienwelt, die von der ausgeschiedenen Materie oder den Leichen der »Primärproduzenten« (die sich durch Photosynthese ernähren) leben. Alle »Verbraucher« (Menschen, Tiere, Bakterien) verwenden organische Substanzen von Pflanzen und anderen Primärproduzenten wie Algen und Bakterien, und geben einen Teil des Kohlenstoffs wieder an die Atmosphäre ab. So findet der Kohlenstoffkreislauf sein Gleichgewicht.

Der Wasserkreislauf

Der Wasserkreislauf schenkt uns allen Leben. Wie wunderbar ist es, dass das Regenwasser seinen Weg zu den Flüssen findet, die es ins Meer bringen, wo es wieder verdunstet und Regenwolken bildet, die uns durch die Gnade der Seewinde wieder lebendigen Regen bringen.

Weniger bekannt ist jedoch die Rolle, die Biome (Gemeinschaften von Pflanzen und Tieren) im Wasserkreislauf spielen. Wasserdampf allein bildet kaum Wolken, er braucht Kondensationskerne, um die Wolkenbildung zu starten. Staubpartikel in der Luft können dabei helfen, aber in erster Linie sind es Algen und Waldbäume, die bestimmte Substanzen freisetzen, die als Kondensationskerne fungieren. Bäume setzen Chemikalien frei, die als Terpene bezeichnet werden und die Wolkenbildung aktiv beschleunigen. Die Partikel, die z. B. in Kiefernwäldern freigesetzt werden, verdoppeln die Wolkendichte in 1.000 m Höhe. Diese Wolken werden lebensspendenden Regen zu anderen Orten tragen, und auf ihrem Weg reflektieren die weißen Wolken Sonnenlicht (ein Effekt namens *Albedo*) und kühlen die Erde.

Aber Bäume sind nicht nur aktive Wolkenmacher, sie produzieren auch die Feuchtigkeit. Bäume pumpen so viel Wasser aus dem Boden und verdunsten es durch ihre Blätter, dass die Luft über den Wäldern mit Feuchtigkeit gesättigt ist. Neue Wolken können sich bilden – nicht meer-, sondern waldgeboren – und weiter ins Landesinnere treiben. Auf diese Weise recycelt der Amazonas-Regenwald den Regen aus dem Küstengürtel fünf- bis sechsmal, bis er die etwa 4.000 Kilometer entfernten Hänge der Anden auf der anderen Seite des Kontinents erreicht. Der Amazonas-Regenwald erzeugt etwa doppelt so viel Wasserdampf wie der benachbarte Atlantik. Wälder sind Regenmacher. Und die Wolken, die sie erzeugen, sind ein wesentlicher Bestandteil des globalen Kühlsystems. ∎

Außerdem geben die meisten Algen und auch Korallenriffe DMS ab, eine Schwefelverbindung, die bei der Aussaat von Wolken hilft (siehe unten: Schwefelzyklus).

Der Stickstoffkreislauf

Atmosphärischer Stickstoff muss in eine Form gebracht werden, die die Pflanzen aufnehmen können. Der größte Teil dieser Aufgabe wird von freilebenden oder symbiotischen »stickstofffixierenden« Bakterien vollbracht, die ihn mit Wasserstoff zu Ammoniak (NH_3) kombinieren. Zwei Gruppen von Nitrifikationsbakterien wiederum produzieren nacheinander Nitrite (NO_2^-) und Nitrate (NO_3^-) und gewährleisten so eine konstante Zufuhr von N an alle Pflanzen und Tiere. Pflanzen können über ihre Wurzelhaare Nitrate oder Ammonium aus dem Boden aufnehmen. Tiere beziehen ihren Stickstoff aus Pflanzen. Tierische Ausscheidungen und sterbende Pflanzen und Tiere führen N in den Boden zurück, wo Pilze und Bakterien das organische N in Ammonium (NH_4^+) umwandeln. Nitrifizierende Bakterien verwandeln Ammonium wieder in (Nitrite, dann) Nitrate, die von den Pflanzen wieder aufgenommen werden können. Oder es gelangt in die liebevollen »Hände« von denitrifizierenden Bakterien, die Nitrate in N_2 umwandeln und Stickstoff zurück in die Atmosphäre abgeben können. Die Oxidation führt auch N aus Nitraten und Ammoniak in die Atmosphäre zurück. (Dies soll Ihnen nur ein *Gefühl* dafür geben, wieviel los ist in einem gesunden fruchtbaren Boden.)

Im Meer ist der Stickstoffkreislauf ebenso wichtig. Während der gesamte Zyklus ähnlich ist, sind die Spieler andere. So ist z. B. die Position der Pflanzen durch Phytoplankton besetzt, und die Stickstofffixierung erfolgt v. a. durch Cyanobakterien.

Das mag Ihnen alles unwesentlich klein erscheinen, aber der gesamte Stickstoffumtausch im Stoffwechsel der Erde beträgt etwa 500 Mio. Tonnen pro Jahr (zum Vergleich: Der Umsatz von Kohlenstoff ist über 800 Mal so groß).■

Aus Gaias Sicht muss der Stickstoff-Anteil der Luft bei 78 % gehalten werden. Sein kollektives Gewicht erhält den Luftdruck, der eine Basisgröße für alle physiologischen Vorgänge auf der Erde ist. Und es dient quasi als Verdünnungsmittel, damit die Konzentrationen anderer Gase nicht zu hoch werden.

Der Sauerstoffkreislauf

Da Sauerstoff solch ein hochreaktives Gas ist, wäre er ständig »verbraucht« und in der Atmosphäre sehr selten – wie damals, als die Erde jung war. Aber das Pflanzenreich (Wälder und Algen) und die Cyanobakterienkolonien der Meere halten den Sauerstoffgehalt der Luft dauerhaft bei etwa 21 %. Nur so geht es der Tierwelt gut. Heute produziert allein der Amazonas-Regenwald etwa 20 % des weltweiten Sauerstoffs, die Algen im Weltmeer 40 %. Umgekehrt zum Kohlenstoffkreislauf sind es die Tiere (auch der Mensch), die einen Großteil des vom Pflanzenreich gelieferten Sauerstoffs verbrauchen und so an der Schaffung eines globalen Gleichgewichts mitwirken. Durch den Sauerstoff ist der

Himmel blau und klar, und die Erde sieht aus dem All wie eine schöne blaue Perle aus.

Der Phosphorkreislauf

Phosphor, der »Lichtträger« (von altgriech. *phōsphóros*), ist von zentraler Bedeutung für das Leben. Er findet sich im Energiespeichermolekül ATP als auch in der DNA. Seine natürliche Quelle ist die Verwitterung von Gesteinen, und seine Reise durch die Lebenswelten endet auf dem Meeresboden, wo er Teil von Sedimenten wird, die schließlich wieder in das Magma des Erdinneren eingehen. Hunderte von Millionen Jahren später kann Phosphor wieder an der Oberfläche auftauchen, in neu aufsteigendem Gestein der Kontinentalplatten. Bodenbakterien stellen Phosphate für die Biota an Land zur Verfügung, wo sie für einige Zeit zirkulieren können. Phosphor ist jedoch selten, und seine Knappheit begrenzt oft das Pflanzenwachstum.

Die Phosphate, die von den Flüssen zum Meer transportiert werden, sind die einzige ursprüngliche Quelle für marinen Phosphor. In weit vom Festland entfernten Meeresregionen ist Phosphor sehr selten, aber selbst in landnäheren Gebieten ist er ein überaus wertvolles Element. Phosphor ist das »Gold der biologischen Welt«. ■ Die Phosphorzirkulation verläuft rapide. Phytoplankton (von griech. *phyton*, »Pflanze«, und *planktos*, »Wanderer«) aller Größen bis hinab zum mikroskopischen Pikoplankton absorbiert das biologisch verfügbare Phosphat-Ion (PO_4^{3-}). Beim Sterben versinkt Phytoplankton, wenn es nicht von Fischen gefressen wird, im tiefen Ozean, wo der wertvolle Phosphor schließlich an die Sedimentschichten auf dem Meeresboden verlorengeht. Daher macht sich eine Vielzahl von Bakterienarten schnell an die Arbeit, um den organischen Phosphor aus abgestorbenen organischen Stoffen zu recyceln und für das Meeresleben verfügbar zu halten.■

Der Schwefelkreislauf

Die Kontinente verlieren fortwährend Schwefel, weil Flüsse jährlich Millionen Tonnen davon ins Meer transportieren. Die Meereslebewesen haben keinen Mangel an diesem Nährstoff, aber Gaia musste Mechanismen entwickeln, um sicherzustellen, dass genügend Schwefel in die Landmassen zurückgeführt wird. Die meisten Algen und auch Korallenriffe emittieren DMS (Dimethylsulfid, $(CH_3)_2S$), die am häufigsten in die Atmosphäre abgegebene biologische Schwefelverbindung. Durch die Oxidation in der Meeresluft entstehen schließlich Aerosole, die als Wolkenkondensationskerne wirken. Diese zusätzliche Wolkenbildung hat eine globale Kühlwirkung und bringt bei Regen wertvolle Sulfate (SO_4^{2-}) mit, die die Landpflanzen nähren. Sie hat auch ein *mehrfach positives Feedback* auf das Algenwachstum: Wolken beschatten das Wasser (Algen bevorzugen kühles Wasser), und sie erhöhen die Windgeschwindigkeit, wodurch das nährstoffarme Oberflächenwasser bewegt und mit den tieferen nährstoffreichen Schichten vermischt wird.

Abgesehen von dieser unmittelbaren Belohnung für die Algen (die, sagt man, zur Evolution dieses Systems geführt hat) erhöhen die Sulfate auf dem Land die Gesteinsverwitterung und damit das Pflanzenwachstum – Pflanzen, die dann mehr Nährstoffe zur Verfügung stellen können, die mit der Zeit wiederum die Algen erreichen werden. Daher gilt der Schwefelkreislauf als förderlich für die Ökosysteme sowohl auf dem Land als auch im Meer.

Dies sind noch nicht einmal alle der rein elementaren Zyklen von Gaia. Die obigen Beschreibungen sind extrem vereinfacht, und die Überschneidungen zwischen ihnen nicht berücksichtigt. Als kleines Beispiel für Komplexität und Vernetzung folgt hier ein kurzes Porträt eines *winzigen* Lebewesens, das an den *globalen* Auswirkungen des Kohlenstoff-, Wasser-, Stickstoff-, Schwefel-, Calcium- und Phosphorzyklus beteiligt ist:

Emiliania huxleyi ist eine einzellige Meeresalge, die an der Oberfläche kühler Ozeane als Teil der Phytoplanktongemeinschaft lebt. Ihr Durchmesser beträgt 4/1000stel Millimeter (4 Mikrometer). Emilia ist die häufigste

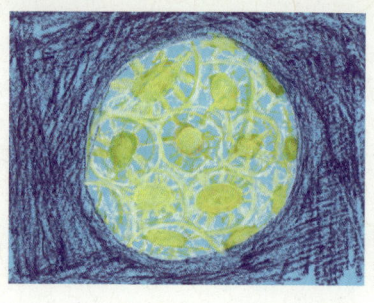
Myla (10)

Art der heutigen Coccolithophorida (»Träger von kleinen Steinbeeren« – wie niedlich ist das denn?), wobei die Coccolithe die winzigen Rädchen sind, aus denen sich ihr Exoskelett zusammensetzt. Sie bestehen aus Calciumcarbonat (Kreide, $CaCO_3$). Da $CaCO_3$ transparent ist, wird die photosynthetische Aktivität der Zelle durch diese Verkapselung nicht beeinträchtigt. Im Gegenteil: Die Coccolithe streuen durch ihre Transparenz mehr Licht, als sie absorbieren, was dazu führt, dass das Oberflächenwasser heller wird. So teilen sie das Sonnenlicht mit den anderen Wesen des Phytoplanktons. Weiterhin reflektiert die höhere *Albedo* des Oberflächenwassers mehr Sonnenlicht (ein globales Prinzip zur Kühlung des Planeten, siehe nächstes Kapitel). Und Coccolithophorida emittieren DMS und tragen damit zum Säen von Wolken bei. Und nicht zuletzt: Wenn diese winzigen Helfer sterben, setzen sie ihre Nährstoffe (Stickstoff und wertvollen Phosphor) frei, nehmen aber die Kreide ($CaCO_3$) mit auf den Meeresboden. Auf diese Weise haben unzählige Coccolithophorida über Jahrmillionen hinweg zur Kühlung des frühen Planeten beigetragen, indem sie Kohlenstoff ablagerten (ein Kubikzentimeter Sedimentkreide enthält etwa 800 Millionen von ihnen). Emiliania arbeitet immer noch eifrig.

Intervalle

Eine ganz andere Art von Zyklen entsteht durch die Unregelmäßigkeiten der Umlaufbahn der Erde um die Sonne:

- Die Gestalt der Erdumlaufbahn oszilliert zwischen eiförmig und kreisförmig, in einem Rhythmus von etwa 100.000 Jahren (*Exzentrizität*).

- Die Erdachse steht in einem Winkel zur Bahnebene; er schwankt zwischen 22,5 und 24,5° im 41.000-Jahres-Zyklus (*Schiefe der Ekliptik*). Wir sind derzeit bei 23°26'.

- Die Spitze der Erdachse pendelt ein wenig (*Präzession*), so dass ihre Projektion in einem Zyklus von 25.700 Jahren um den Tierkreis wandert; derzeit zeigt der Nordpol auf den Nordstern (Polaris).

Diese Schwankungen bestimmen die Verteilung der Sonnenenergie auf dem Planeten. Die Exzentrizität scheint der Haupttreiber für den Rhythmus der Eis- und Warmzeiten zu sein. ■

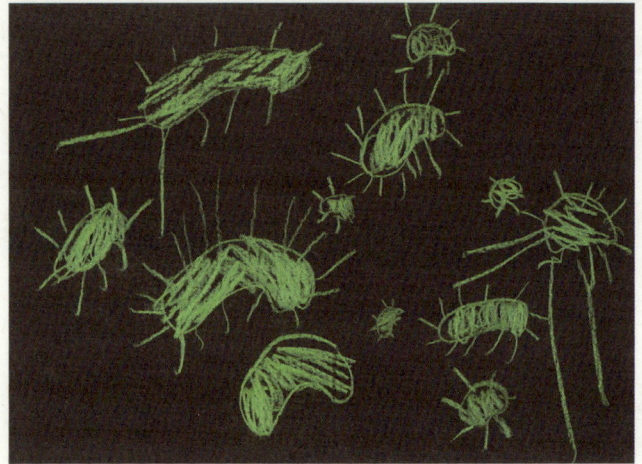

Blossom (6)

4. Gemeinschaften und Netzwerke

Mikro-Gemeinschaften

Wir haben gesehen, wie sehr die Atome der materiellen Welt einen inneren Drang zu Beziehung und Verbindung haben. Als sich die Schöpfung zu immer komplexeren Strukturen entwickelte, begannen komplexe Moleküle schließlich – durch den Funken, den wir »Leben« nennen –, sich zu noch viel komplizierteren Strukturen zu organisieren. Bakterien sind die frühen einzelligen Organismen, die die Erde für die erste Milliarde Jahre ihres Daseins regiert haben. Und man kann sagen: Das tun sie immer noch. Wie die Ozeanographin Angelicque White sagt: »Mikroorganismen kontrollieren weitgehend die Konzentration, Verteilung und molekulare Zusammensetzung der Nährstoffe im Meer.« Und nicht nur im Meer: Es gibt keinen elementaren Zyklus, keine Rückkopplungsschleife, kein Ökosystem, das ohne sie funktionieren oder gar existieren würde. Bakterien sind die Grundlage des Lebens. Bakterien sind der erste Ausdruck von Gaia.

Im Laufe der Evolution wurden die Einzeller immer komplexer und begannen, ihre DNA sicher mit einer Schutzmembran zu umgeben und so einen Zellkern zu schaffen. Arten mit einem Zellkern werden *Eukaryoten* genannt (von griech. *eu*, »echt«, und *karyon*, »Kern«). Sie waren in der Lage, mit ihrem Stoffwechsel kompliziertere Dinge zu tun – und schließlich auch, sich zu Mehrzellern zu verbinden. Die Bakterien (und ihre Verwandten, die Archaea) hingegen gehören zu den Prokaryonten (von griech. *pro*, »vorher«) und sind ganz zufrieden damit, Einzeller zu bleiben. In ihrem Inneren schwebt die DNA frei, inmitten all der Zellaktivitäten des Stoffwechsels. Sie vermehren sich, indem sie sich sattessen, sich vergrößern und dann teilen.

Bakterien haben viele Dinge »erfunden«, die nicht nur in Säugetierkörpern (wie unseren), sondern auch in Pflanzen und anderen Lebensformen noch immer zum Einsatz kommen. Sie arbeiten bereits mit Zucker, Proteinen und dem universellen Energieträgermolekül ATP (siehe S. 23). Die Bakterienzelle wird nach außen durch die sogenannte Hülle und die Zellwand geschützt, deren Innenseite mit der Plasmamembran ausgekleidet ist. Alles biologische Leben hängt von *Membranen* ab, sehr dünnen, halbdurchlässigen Gewebeschichten, die Nährstoffe, Proteine und andere wichtige Stoffe in der Zelle halten. Die Membranen sind mit winzigen Löchern gespickt, die kontrolliert Nährstoffe ein- und Abfallstoffe austreten lassen. Wie Schlüssel und Schloss passen die Nährstoffkanäle mit ihren jeweiligen Molekültypen zusammen. Zellmembranen arbeiten mit hoher Präzision.

Aber Bakterien können so viel mehr als nur essen und ausscheiden. Die moderne Forschung hat die faszinierendsten Entdeckungen über sie gemacht. Sie organisieren sich zu riesigen Gemeinschaften mit einer derart hoch entwickelten Kommunikation, dass einige Bakteriologen versucht sind, von Superorganismen zu sprechen. »Die meisten Bakterien leben in Gemeinschaften,

35

oft mit verschiedenen Zelltypen, die bestimmte Stoffwechselfunktionen ausführen. Und damit das ganze gut funktioniert, müssen die zahllosen und facettenreichen Mitglieder der Gruppe miteinander über die Umgebung, die auf sie einwirkt, und über den Zustand der gesamten Gemeinschaft kommunizieren« (Harding).■

Bakterien kommunizieren mit speziellen Molekülen – ähnlich wie Insekten und Pflanzen, die Pheromone für die weit entfernte Kommunikation einsetzen. Bakterien haben sowohl molekulare »Wörter« für die Angelegenheiten innerhalb ihrer eigenen Spezies als auch andere Signale, die von allen Bakterien verstanden werden: quasi einen eigenen Dialekt und eine internationale Handelssprache wie bei den Menschen. So weiß jedes einzelne Bakterium, wie viele seiner eigenen Art und wie viele andere Stämme sich in der Umgebung befinden und was sie tun. Ihre Art der Kommunikation untereinander wird als *Quorum Sensing* bezeichnet. Beispiel: Das stabförmige Bodenbakterium *Myxococcus xanthus* lebt von verrottendem Pflanzenmaterial. Wenn die Kolonie einen Festtag hat, verteilen sich die einzelnen Mitglieder auf winzigen, schleimigen Pfaden, während sie fressen, wachsen und sich teilen. Aber wenn die Nahrungsquelle zu Ende geht, wissen sie über das Quorum Sensing, dass es an der Zeit ist, sich neu zu formieren. Jedes einzelne verfolgt seine Spur zurück, und alle landen in einem großen Haufen, in dem die meisten von ihnen dann Selbstmord begehen. Die sterbenden Zellen setzen ihre Nährstoffe frei, was den wenigen Überlebenden die Energie gibt, resistente Sporen zu produzieren, bevor auch sie sterben. Die Sporen können warten, bis wieder günstigere Bedingungen vorliegen. ■ Bedenken wir, was das erfordert: Ein Einzelwesen folgt dem Gruppenruf, um den Haufen zu bilden, dann muss es sein eigenes Inneres beurteilen und der Gemeinschaft von seinem Zustand berichten. Dann entscheidet die Gruppe, welche Individuen zuerst sterben und welche die restlichen Nährstoffe erhalten.

Die verblüffende Komplexität der bakteriellen Kommunikation hat Experten dazu veranlasst, von »bakterieller Syntax«, »sozialer Intelligenz«, »Allgemeinwissen« und »kollektivem Gedächtnis«, »Gruppenidentität«, »Lernen aus Erfahrung«, »Selbstverbesserung« und »Gruppenentscheidungen« zu sprechen. Es ist daher nicht verwunderlich, dass Bakterien ihre DNA als eine Art Open-Source-Programm (um hier mal Computersprache zu verwenden) behandeln. Nach jahrzehntelangen schweren Angriffen durch medizinische Antibiotika haben überlebende Bakterien schließlich die Geheimnisse der Immunität gefunden, in ihre DNA eingeschrieben und mit anderen geteilt: erst innerhalb ihres eigenen Stammes, dann sogar mit anderen Arten! Die Menschheit macht sich seither große Sorgen.

Zusammenarbeit

An einem sonnigen Septembertag (nur ein Scherz) vor etwa 2,5 Milliarden Jahren fand sich ein Bakterium in einer anderen Zelle wieder (entweder in einem anderen Einzeller oder in einer frühen eukaryotischen Zelle – wir werden es nie erfahren). Aber anstatt ihrer Gewohnheit, also der Nahrungskette zu folgen (wir wissen auch nicht, wer von ihnen nun wen fressen wollte), entschieden sie sich dort und dann – in Sekundenbruchteilen, bevor die blitzschnellen Kettenreaktionen der molekularen Verdauung einsetzten –, dass sie ebenso gut in Symbiose *zusammenleben* könnten. Der »Große« teilte sein reichhaltiges, nährstoffreiches Zytoplasma, und der »Kleine« war besonders gut darin, Energie in Form von ATP zu erzeugen (siehe S. 23), was die Energie und Freude des Wirtes steigerte. Um noch mehr Energie zu liefern, durfte sich der kleine Besucher sogar fortpflanzen und in seiner Wirtszelle gleichartige Gesellschaft haben. Wir nennen sie **Mitochondrien**.

Wie es Zellen tun, sagen sie sich gegenseitig, was los ist. Die Idee wurde aufgegriffen und schließlich weltweit zu einem 37

Erfolg. Später, als sich komplexe Organismen entwickelten, waren die eingelagerten Mitochondrien immer ein Teil *jeder einzelnen* Zelle. Noch heute hat jede Pilz-, Pflanzen- und Tierzelle Mitochondrienpartner im Inneren. Jede menschliche Zelle hat eine ganze Reihe von ihnen. Sehr aktive Gewebe wie Gehirn oder Herz können etwa 300 Mitochondrien pro Zelle haben, Leberzellen bis zu 2.000. Und vor allem: Die mitochondriale DNA ist immer noch völlig getrennt und unabhängig von der menschlichen, tierischen oder pflanzlichen DNA. Wir sind wie Raumschiffe mit unzähligen kleinen Gästen, die uns die Energie liefern, überhaupt zu funktionieren.

Später in der Evolution, als die ersten Pflanzen eine Idee hatten, was sie im Leben tun wollten (nämlich sich von Photosynthese zu ernähren), luden sie, statt das Rad neu zu erfinden, photosynthesierende Cyanobakterien ein – für eine ähnliche Symbiose in ihre Zellen. Sie wurden zu den grünen **Chloroplasten**, die auch heute noch die Arbeit in grünen Blättern verrichten und Sonnenenergie in Zucker verwandeln. Ist doch süß, nicht wahr?

Vernetzung

Pilze sind vor allem für ihre fleischigen Fruchtkörper bekannt, die sehr lecker und nahrhaft (oder sehr giftig) sein können. Aber Pilze sind viel mehr. *Pilze bilden die wichtigsten Nährstofftransportsysteme der Welt.* Ohne sie gäbe es keine Wälder oder Savannen, nicht einmal Weideland. Die Landoberflächen der Erde würden nur aus freiliegendem Gestein bestehen, an feuchten Stellen von Schichten aus Bakterienkolonien bedeckt.

Pilze bilden lange Schläuche, sogenannte Hyphen oder Zellfäden, die Nährstoffe durch die Zellflüssigkeiten transportieren. Hyphen sind mikroskopisch dünn, ihre Breite variiert zwischen 1/500 und 1/100 eines Millimeters. Sie verbinden sich zu einem riesigen Netzwerk, dem Myzel. Diese Netzwerke können mehrere Hektar groß werden. Das größte bekannte Myzel der Welt

Blossom (6)

bedeckt eine Fläche von 2.400 Hektar Wald in Oregon und wird auf 2.200 Jahre geschätzt. Die Myzelien werden extrem dicht, ein einziges Gramm Boden kann über einen Kilometer an mikroskopischen Hyphen enthalten. Im Grasland entspricht die Biomasse der unterirdischen Myzelien der Biomasse der Tiere oder wiegt sogar mehr. ■

Ein wichtiger Evolutionsschritt für Pilze war die Zusammenarbeit mit höheren Pflanzen zu einer Symbiose: Eine enge Beziehung, die für beide Seiten vorteilhaft ist. Pilze versorgen Pflanzen mit großen Mengen an Wasser und mit Bodennährstoffen (Phosphor, Stickstoff, Kupfer, Zink und anderen), die sonst den Pflanzen nicht zugänglich wären. Im Gegenzug erhalten sie Zucker, die sie nicht selbst produzieren können. Bei dieser Symbiose, der sogenannten *Mykorrhiza*, verbinden sich die Pilze eng mit den Pflanzenwurzeln. »Pilze sind darauf spezialisiert, andere Lebewesen miteinander zu verbinden« (Harding), ■ und wir wissen jetzt, dass sie Nährstoffe oder Zucker von einem Baum zu anderen Bäumen Hunderte von Metern entfernt bringen können. Sie steuern die Nährstoffverteilung in ihrem Ökosystem effektiv, wobei die Nährstoffe in beide Richtungen der Hyphen fließen können.

Und Informationen auch! Es hat sich gezeigt, dass Myzelien aus Erfahrung lernen und sich ihre Antworten »merken« können.

Lange Zeit galten Pilze als mechanische, vorhersehbare Systeme, aber sie offenbaren eine inhärente Intelligenz und Kreativität. Wenn ein Myzel seine Umgebung erforscht (durch das Wachsen neuer Hyphen), nimmt es Bereiche mit gutem Nahrungsmittelangebot genauso wahr wie Hindernisse. Hyphen bündeln sich zu »Autobahnen«, die die Nahrungsfelder verbinden. Labortests haben gezeigt, wie ein Schleimpilz den kürzesten Weg durch einen Irrgarten finden kann. ◼ In einer BBC-Doku bilden Schleimpilze sogar die kürzesten Wege des Tokioter U-Bahn-Systems und Autobahnnetze in Großbritannien und den USA nach. ◼ Kein Wunder, dass Mykologen von »Gehirnen im Boden« sprechen (Alan Rayner). ◼ Pilze sind über 1 Milliarde Jahre alt. Wie Bakterien stammen sie aus dem Meer, aber sie besiedelten die felsigen Landmassen etwa 500 Millionen Jahre, bevor der Mensch das Internet erfand.

Eine andere Gruppe von Pilzen arbeitet nicht unter der Erde, sondern dringt in die Holzstrukturen lebender Bäume ein. Diese und die Mykorrhiza-Pilze stellen einen wesentlichen Teil des **Immunsystems** der Bäume dar, denn sie schützen ihre Wirtspflanzen vor Bakterien und anderen Pilzen, die dem grünen Freund nicht so wohlgesonnen wären. Und wieder eine andere Gruppe von Pilzen ist darauf spezialisiert, Totholz in seine Bestandteile zu zerlegen. Als die riesigen Wälder des Karbons (vor ca. 360 bis 300 Mio. Jahren) die Atmosphäre der Erde für immer veränderten, war diese Art von Pilzen noch nicht vollständig entwickelt. Riesige Holzmengen versanken unverdaut in immer tiefere Bodenschichten und wurden schließlich zu dem, was wir heute Kohle nennen. Seitdem spielen holzzerstörende Pilze – wie ihre mykorrhizalen Geschwister – eine entscheidende Rolle im Kohlenstoffkreislauf und damit in der globalen Temperaturregulierung.

Auf der Erde gibt es mehr Arten von Pilzen als von Pflanzen und Tieren zusammen.

Eine weiterer überraschender Bund fürs Leben kam zustande, als sich Pilze und Algen zu Flechten vereinigten. **Flechten** sind jene bescheidenen orangefarbenen, grauen oder schwarzen Flecken auf Felsen und Bäumen, die entweder flach und krustig sind oder blättrig (Blattflechten) oder wie Bärte herabhängen. Alle enthalten photosynthetische Algen in einer stabilen Pilzstruktur. Sie sind Pioniere karger Gesteine und düngen den Boden langsam, zuerst für Moose, dann für komplexere Pflanzen. Silikatgesteine verwittern 10 – 100mal schneller, wenn Flechten an ihnen arbeiten. Indem sie Kohlenstoff aus der Luft holen und mit Calcium aus den Gesteinen kombinieren, helfen auch sie, die Erde zu kühlen.

Abfallwirtschaft

In der Natur sind die Abfallprodukte einer Art Nahrung für eine andere. Es gibt keinen »Abfall« in der Natur, *endloses Recycling ist die Magie des Nachhaltigkeitsmanagements von Gaia*. Abfallprodukte ermöglichen sogar neue biologische Arten, weil sie eine Art von Nahrung liefern, die es vorher nicht gab.

Myla (10)

5. Feedbacksysteme

Als Beispiel für selbstregulierende Feedbackschleifen besuchen wir noch einmal unsere alten Freunde, *Emiliania huxleyi* und die Coccolithophorida. Sie helfen bei der Regulierung der Temperatur der Ozeane. Aber sie können es nie über- oder untertreiben, weil es einfache Rückkopplungen gibt: Sie gedeihen in warmem Wasser und setzen DMS (siehe Schwefelzyklus, S. 31) in die Luft frei. Dadurch bilden sich Kondensationskerne und schließlich dickere Wolken, die die Sonne abhalten. Dadurch wird der Ozean gekühlt, und die Algenpopulation nimmt ab. In der Folge werden dann die Wolken wieder weniger. Die Sonne scheint vermehrt, die Temperatur steigt wieder an, und die Algendichte nimmt wieder zu.

Die Kybernetik unterscheidet zwischen positiven und negativen Feedbacks. Positive Feedbacks haben eine verstärkende Wirkung auf das nächste Glied in der Kettenreaktion, negative Feedbacks verringern die Wirkung, sie bremsen und beruhigen die Dinge. Ein Stoffwechselzyklus braucht *mindestens eine negative* Rückkopplung, oder er gerät außer Kontrolle: Sonnenschein erwärmt das Wasser > Sonnenschein und warmes Wasser erhöhen die Algenpopulation > mehr Algen säen mehr Wolken >> *Wolken halte die Sonne ab.*

Wenn Wolken nicht die Sonne abhalten würden, würde die Algenblüte völlig außer Rand und Band geraten. Aber so, wie es ist, gibt es dieses eine negative Feedback.

Eine weitere Dynamik: Aus jedem Paar von Kohlenstoffatomen, das *Emiliania* für die Herstellung ihrer Platten aufnimmt, wird eines zur Herstellung der Kreide ($CaCO_3$) verwendet und das andere wieder an das Wasser abgegeben. Da Kohlenstoff im Wasser zu Kohlensäure wird und die Versauerung ein globaler Erwärmungseffekt ist, fragten sich einige Forscher um die Jahrtausendwende, ob Coccolithophorida zur globalen Erwärmung beitragen. ■ Aber unterm Strich ist das Gegenteil der Fall: Denn das verwendete Kohlenstoffatom wird ja über seine Kalkreise dauerhaft auf dem Meeresboden abgesondert; Coccolithophorida bilden also eine Kohlenstoffsenke und mindern die Schäden von Treibhausgasemissionen.

Eine dritte Dynamik: Während der komplexen Plattenherstellung pumpen Coccolithophorida ständig H^+-Ionen aus der Zelle. H^+-Ionen machen ihre Umgebung sauer, und wenn der äußere Säuregehalt zu hoch wird, spüren die Algen das und stoppen die Produktion. Dies ist eine perfekte negative Rückkopplung, ein Sicherheitsventil gegen ausuferndes Algenwachstum. Heute versauern die Ozeane jedoch durch vom Menschen freigesetztes CO_2, und die daraus resultierenden Mengen an Kohlensäure beeinträchtigen die Gesundheit und Sicherheit unserer kleinen Freunde, deren Kanäle für die Wasserstoffionenausscheidung gestört werden. Wir wissen, dass es für jede Algenart oder Population einen Punkt gibt, an dem der äußere Säuregehalt so hoch wird, dass die Lebewesen sich abschalten und sterben. 43

Dies wäre ein sogenannter **Kipppunkt**. (Mehr zu Kipppunkten ab S. 135).

Ein Element in vielen Klima-Feedback-Schleifen ist die soge-nannte **Albedo** (lat. *albus*, »weiß«). Dieser Begriff steht für das Maß der Reflexion der Sonneneinstrahlung zurück in den Welt-raum. Da uns die Sonnenwärme in Form von Strahlung erreicht, kann sie wie Licht reflektiert werden. Wie wir aus dem täglichen Leben wissen, blendet eine Oberfläche unsere Augen um so mehr, je heller sie ist. Dunkle Oberflächen absorbieren Licht und Wärme und erwärmen sich schneller.

Deshalb ist die Wolkenbildung, die von Wäldern und Algen angeregt wird, so wichtig für das globale Klima. Wasserdampf in der Luft fängt Wärme ein, aber weiße Wolken reflektieren sie und halten die Erde kühl. Die polaren Eisschilde sind von größ-ter Bedeutung, wegen ihrer Albedo – und aus anderen Gründen. Wenn das polare Meereis schmilzt, geht auch die hohe Albedo ihres strahlend weißen Eises verloren. Weiße Oberflächen haben eine hohe Albedo, die 80–90 % der Sonnenenergie reflektiert, Wasser hat eine niedrige Albedo und reflektiert nur 5–10 %.

Aber eine niedrige Albedo kann auch ein Vorteil für ein Öko-system sein. Die Erwärmung des Ozeanwassers ist wiederum gut, weil ein höherer Temperaturunterschied zwischen den oberen und den unteren Wasserschichten für eine bessere Vermischung derselben sorgt. So kommt es zu einem besseren Nährstoff-austausch zwischen ihnen. Und in den Wäldern der nördlichen Hemisphäre (Nordamerika, Skandinavien und Russland) haben die dunklen, immergrünen Nadelbäume eine besonders nied-rige Albedo. Dadurch wärmen sich die Bäume bei der Rück-kehr der Sonne schneller auf, was in diesen Regionen mit kurzer Wachstumsperiode sogar den Frühling insgesamt vorantreibt.

Nach so viel über Bakterien und Kleinstlebewesen wollen wir mal den Weg Richtung Spitze der Nahrungskette gehen und ein »richtiges« Tier betrachten: sichtbar, pelzig, mit Augen, in die wir schauen können. Den Wolf.

Spitzenraubtiere wie Wölfe entnehmen den von ihnen bejagten Tierarten die älteren und kranken Individuen. Dadurch ersparen sie ihnen erhebliches Leid. Indem sie den genetischen Pool ihrer Beutepopulation in einem Top-Zustand halten, erhöhen sie auch die Überlebensrate ihrer »Opfer«. Ohne die Jäger nehmen die Pflanzenfresser an Zahl stark zu, manchmal auf ein gefährliches Niveau, welches das Risiko von Infektionskrankheiten birgt, die sie eines Tages sogar für immer vernichten könnten. Ein weiteres Ungleichgewicht der nicht bejagten Pflanzenfresser ist die Überweidung. Die meisten Förster in den Wäldern der gemäßigten Zone sorgen sich um die natürliche Verjüngung ihrer Wälder, weil der Wildverbiss an Sämlingen und jungen Bäumen so hoch ist. Anders verhält es sich in Wäldern, die von Wölfen, Luchsen und Braunbären bewacht werden.

Der frühe Ökologe Aldo Leopold war der erste, der über die breiteren ökologischen Feedbacks von Spitzenräubern schrieb. 1949 prägte er den Begriff »Denken wie ein Berg« und beschrieb, wie das Verschwinden von Wölfen dazu führte, dass das Hufwild überhandnahm und etwa eine Bergflanke über die Jahre kahlfraß, bis sie unfruchtbar war. Durch die Erosion ging der nicht mehr von Pflanzen bedeckte Mutterboden an einst so üppigen Hängen vollständig verloren. Das war ein Schicksal, das weder der Wolf noch der Berg verdient hatten. ■ Osteuropäische Förster hatten es die ganze Zeit gewusst. Ein altes Sprichwort lautet: »Wo der Wolf ist, wächst der Wald.«

Über ein halbes Jahrhundert später wurde Leopolds Gedankengang endgültig bestätigt. Nach fast 70 Jahren Abwesenheit wurde der Wolf (*Canis lupus*) im Januar 1995 in mehreren Gebieten der nördlichen Rocky Mountains in den USA wieder eingeführt, darunter auch im Yellowstone Nationalpark. Die Anwesenheit der Wölfe veränderte das Fressverhalten ihrer Beutetiere, in diesem Fall hauptsächlich des Wapiti (*Cervus canadensis*), welches bald aufhörte, sich durch die Täler und Schluchten zu kauen, wo Wölfe sie leicht erbeuten konnten. Die einheimische Flora konnte sich wieder voll entfalten und so die Biodiversität erhöhen, indem sie einer wachsenden Zahl von Pflanzen und Tieren Nahrung und Schutz bot. Mit der Rückkehr des Wolfes erholte sich die Vegetation auch entlang der Flussufer und verminderte so deren Erosion. Die stabilisierten Flüsse schlängeln sich weniger, die Flussläufe haben sich vertieft, kleine Teiche haben sich gebildet. Espen-, Weiden- und Pappelwälder setzten sich in nur wenigen Jahren durch, und so kamen die Vögel. Da die Wölfe die Kojoten dezimierten, vermehrten sich Kaninchen und Mäuse, was mehr Falken, Wiesel, Füchse und Dachse anlockte. Raben und sogar Weißkopfseeadler kümmerten sich um die Kadaver, die die Wölfe hinterließen. Unten am Wasser wuchs die Zahl der Biber, und ihre architektonische Arbeit wiederum schuf Lebensräume für andere Arten wie Otter, Enten, Reptilien, Amphibien und Fische.

Dieser von oben nach unten verlaufende Domino-Effekt, wie er von einem Raubtier ausgeht, wird als *trophische Kaskade* bezeichnet. Das kann sogar, wie in Yellowstone, die Geographie der Landschaft selbst verändern. Wölfe sind ein integraler Bestandteil des Ökosystems. *The Guardian* schreibt: »Obwohl nur insgesamt 41 Wölfe wieder angesiedelt wurden und ihre Gesamtpopulation klein bleibt, agieren sie als Ökosystemingenieure, indem sie Nischen schaffen, die andere Tier- und Pflanzenarten bewohnen können.«

Die Deutschen hätten ja nie an die Wiedereinbürgerung des Wolfes gedacht, aber diese Entscheidung wurde ihnen vom Wolf selbst abgenommen. Nachdem es etwa 150 Jahre lang keine Wölfe in Deutschland gegeben hatte, ließ sich 2001 das erste Paar mit Nachwuchs in Deutschland nieder. In weniger als zwei

Jahrzehnten ist die deutsche Wolfspopulation durch weiteren Zustrom aus Russland und den Karpaten sowie durch die neugeborenen einheimischen Wölfe auf rund 300 Tiere angewachsen, die in 60 Rudeln leben. ■ Abgesehen von klagenden Schafzüchtern und dem Gebrüll der Jagdlobby steht das Menschenvolk dem Wolf wohlgesonnen gegenüber. Zeitungen machen aber immer mehr Stimmung gegen Wölfe, weil sie inzwischen gut die Hälfte aller gewaltsamen Schafstode zu verantworten haben. Keiner fragt, wer denn die andere Hälfte tötet: Hunde. Das eigentliche Problem ist, dass Deutschland – im Gegensatz zu Yellowstone und den USA – viel zu dicht besiedelt ist. Es muss zwangsläufig zu Konflikten mit Wildtieren kommen, weil für nichts außer dem Menschen noch Platz ist.

Tula (8)

6. Vielfalt, Komplexität und Fülle

Ökosysteme sind um so stabiler, je mehr Arten sie enthalten. Biodiversität ist nicht nur ein Luxus oder eine Laune der Natur, sie ist eine Sicherheitsmaßnahme, die den Fortbestand des Lebens gewährleistet. Das Leben ist überreich – und muss das auch sein! Es gibt keine »Teilbesetzung« eines Planeten; wenn sich das Leben auf seiner planetarischen Heimat behaupten soll, muss es in Zahl und Vielfalt stark sein. Sobald das Leben üppig genug ist, um erhebliche Auswirkungen auf die Ökosphäre zu haben, kann es einen Planeten als seine Heimat übernehmen: »Das Leben im Universum ist mit hoher Wahrscheinlichkeit ein planetarisches Phänomen«, sagt Prof. Eileen Crist. ■ Der Begründer der Gaia-Theorie, James Lovelock, hat immer gesagt: »Organismen sind nicht nur Passagiere auf dem Planeten«. – »Sie sind eher wie Piloten«, beendet Crist den Satz.■

Das Leben und seine »Umwelt« sind eng miteinander verbunden. Und die **Evolution** betrifft Gaia als Ganzes und nicht die

Organismen oder die Umwelt getrennt. Das Leben selbst trägt dazu bei, seine Umwelt zu gestalten, und die Evolution bevorzugt Arten, die ihre Umgebung auf eine Weise beeinflussen, die ihren Nachkommen hilft, zu gedeihen. *Bei der darwinistischen Evolution geht es um die langfristige Entwicklung von Arten und Gaia*, nicht um Individuen, die sich gegenseitig bekämpfen. Bei der Evolution geht es darum, wie sich Arten in und mit ihrer Umwelt über einen Zeitraum von Zehntausenden von Jahren entwickeln.

Genauso, wie eine Population ihre langfristigen Überlebenschancen erhöht, indem sie Umweltbedingungen schafft, die für ihre Nachkommen günstig sind, genauso ist das Gegenteil der Fall: Wenn eine Bevölkerung ihre Umgebung verschlechtert, sind ihre Zukunftsaussichten schlecht. »Die Gaia-Theorie besagt, dass Organismen, die ihrer Umgebung Schaden zufügen, schlussendlich harte Folgen ernten werden, wenn das Feedback zurückkommt und sie heimsucht.« (Crist)■

Nach den Gesetzen der Physik wird dem Universum irgendwann »der Dampf ausgehen« (zweites Gesetz der Thermodynamik: die Entropie).■ Aber das Leben dreht die Karten um und macht die Existenz unberechenbar. *Das Leben ist das Gegenmittel für die Sterblichkeit des Universums*. Das Leben kehrt die zunehmende Entropie aller Existenz kontinuierlich um, indem es immer komplexere Organismen und Superorganismen organisiert, Erfahrungen sammelt und Informationen speichert.

Metaphorisch, sagt Lovelock, ist die »erstaunlichste Eigenschaft […] des Lebens seine Fähigkeit, sich stromaufwärts gegen den Fluss der Zeit zu bewegen. Das Leben ist der paradoxe Widerspruch zum zweiten Gesetz der Thermodynamik […] Noch bemerkenswerter ist, dass dieser instabile, geradezu illegale Zustand des Lebendigen auf der Erde bereits für einen beträchtlichen Teil des Alters des Universums selbst besteht.«■ Seit weit über drei Milliarden Jahren erhöht Gaia ihren Grad an Ordnung und Komplexität. Die Erde ist tatsächlich der Planet, der alle Regeln bricht. 49

Je nach Blickpunkt ist die Tendenz zu immer komplexeren Strukturen nicht nur ein rein biologisches Phänomen, sondern bereits der Natur der Atome inhärent. Man könnte also sagen, dass das Universum von Anfang an eine eingebaute Richtung zu mehr Komplexität, höheren Ordnungsgraden, schließlich Empfindungsvermögen und, wie die Evolution zeigt, auch zu Selbstbewusstsein hat. Vielleicht ist das der Grund, warum das menschliche Dasein für Gaia so wichtig ist.

Und da ist sie, die Erde, unser blauer Planet! Seit 3,8 Milliarden Jahren erhält sie die Temperatur, den pH-Wert, den Salzgehalt und alle anderen Parameter im lebensfördernden Bereich. Gaia ist stark. Das Leben auf der Erde ist so stark, dass weder der Komet, der die Dinosaurier auslöschte, noch eine mögliche Katastrophe, die durch menschliche Unwissenheit ausgelöst wurde, es *vollständig* vernichten könnte. Aber wir gefährden das Überleben unserer eigenen Spezies und vieler, vieler anderer, und wir können Gaia sehr schwer verletzen und ihre Entwicklung um Millionen Jahre zurückwerfen.

Das Leben ist unsäglich kostbar. *Und für uns muss das Leben gleichbedeutend sein mit der Erde*, denn wir kennen keine andere. Selbst wenn wir mit einem der neuen Superteleskope einen anderen lebendigen Planeten finden würden, könnten wir nicht dorthin gelangen. Das wäre ohnehin völlig am (Lebens-)Thema vorbei, *denn wir sind ein Teil der Erde.*

Prof. Eileen Crist fasst das Wesen der Biosphäre als *Vielfalt, Komplexität und Fülle* zusammen. Diese Qualitäten haben »das Potential, einen Zeitgeist des tiefen Verständnisses und des harmonischen Lebens auf der Erde zu schaffen. Die Tendenz des Lebens, immer komplexer und reichhaltiger zu werden, hat im Laufe der Äonen eine lebendige Erde geschaffen und immer wieder erneuert, die […] als *Kosmos* ■ gefeiert werden kann – eine Welt der innewohnenden Ordnung und Schönheit.«■

Teil II
STÖRUNG DER LEBENSSYSTEME
Symptome, Gründe und Ursachen globaler Störung

Niemand zweifelt mehr daran, dass wir uns in einer schweren ökologischen Krise befinden. Die Symptome planetarischer Krankheit und die ständigen schlechten Nachrichten überlasten die meisten von uns, und die weit verbreitete kollektive Reaktion besteht darin, unsere Köpfe in den Sand zu stecken. Es gibt schließlich genug angenehme Ablenkung, warum also nicht das Leben genießen, solange wir können?

Allerdings ist es nicht gerade angenehm, mit verdrängten Sorgen und unterdrückten Ängsten zu leben. Und das Leben mit dem Kopf im Sand wird nach einer Weile ziemlich dunkel – wo ist das Tageslicht? Wir alle haben uns daran gewöhnt, im Dämmerzustand zu leben, in einem täglichen Trott gestutzter Passionen und unterdrückter Empathie, der zwischen Zufriedenheit mit »dem wenigen, das wir haben« und tiefen Ängsten vor dessen Verlust schwankt. *Glücklich Leben* geht anders. Wir würden gern daran mitwirken, die Welt zu einem besseren Ort zu machen, aber wir fühlen uns hilflos, denn immer wieder sagt uns »die Vernunft«, dass wir zu unbedeutend seien, um etwas zu bewirken. Sind wir also wirklich dazu bestimmt, einfach die Klappe zu halten, stillzusitzen und unser Haupt mit Asche zu bestreuen, während die Erde kaputtgemacht wird?

Es gibt einen anderen Weg: den Weg der Vielfalt, der Farbe, der Empathie, der Liebe. Aber er beginnt damit, *das, was ist,* anzusehen und die Lage zu verstehen. Ich fürchte, es wird nicht schön sein; wir werden sehen, warum wir so lange weggeschaut haben. Aber nur wenn wir uns unseren Ängsten stellen, können wir sie überwinden. Nur wenn wir über ein Problem sprechen, können wir gemeinsam Lösungen finden, Verantwortung übernehmen und handeln.

Hier also ein Überblick darüber, was vor sich geht und wie die verschiedenen Ursachen und Auswirkungen miteinander verknüpft sind; dazu Vorschläge für Maßnahmen, die wir ergreifen können.

Hinweis: Es ist nicht meine Absicht, meine LeserInnen zum Verzweifeln zu bringen, sondern das Feuer unseres gerechten Zorns und unserer Liebe zu entfachen. Wir brauchen all unsere echten Gefühle, um unsere Leidenschaft für das Leben zu wecken!

Unsere Sprache zurückfordern

Bevor wir die ökologische Arena betreten und die Krise diagnostizieren, bevor wir unsere Stimme für einen gesunden Planeten erheben können, schauen wir auf unser Vokabular. Wir leben in einer Zeit, in der Kämpfe um Ökosysteme überwiegend mit Worten geführt werden. Worte beeinflussen die Wahrnehmung und das Bewusstsein. Worte führen zu Genehmigungen, Verfügungen, Gerichtsurteilen. Falschdarstellungen und Euphemismen (Beschönigungen) sind gang und gäbe in den Massenmedien. Die Industrie- und Wirtschaftslobby bezeichnet Naturschützer seit jeher entweder als naive Träumer oder hysterische Panikmacher. Allerdings verblasst dieses reflexartige Klischee im Zeitalter der Leaks und Whistleblower. Dennoch ist es nicht verwunderlich, dass uns die wichtigsten Begriffe im Munde verdreht werden. Das Kidnapping von Kernbegriffen wird beständig weiter vollzogen, seit Jahrzehnten. Hier die wichtigsten Fälle sowie einige interessante Augenöffner.

»Umwelt«

Wenn jemand sagt, er möchte etwas für die »Umwelt« tun, hat er schon verloren! Denn dieser Begriff zementiert seit jeher das grundlegende Dogma unserer Zivilisation, dass der Mensch im Mittelpunkt des Daseins stünde und dass alles andere ihn »umgäbe« und ihm zu dienen habe. Das beinhaltet auch die Trennung von Mensch und Natur. *Um*welt ist Beiwerk, und als solches kann sie ausgetauscht, manipuliert, ausgebeutet und zerstört werden. *Um*weltschutz ist nur das kompromissfreudige Management dieser Zerstörung; schutzwürdig nur das, was dem Menschen in intaktem Zustand besser dienen kann als in seine Teile zerbrochen. Die Begriffe Biosphäre und Lebenswelt sind ein viel gesünderer Ansatz. Und da die biotischen (biologischen) und abiotischen (nicht biologischen) Bereiche Hand in Hand arbeiten, ist der korrekteste und umfassendste Begriff die Ökosphäre.

»Ressourcen«

Früher sprach man im Deutschen noch von *Bodenschätzen*. Ein schönes Wort, denn es gibt den Wundern der Erde Wertschätzung, und gleichzeitig lässt es völlig offen, ob man sie überhaupt anrühren will oder muss. Ja, die Erde hat viele Schätze, die wir, ganz behutsam, für unser Wohlsein nutzen können. Geradezu dämonisch dagegen ist der Begriff »Ressource«. Er scheint direkt aus der Sprache des neoliberalen Bankensektors zu kommen, denn er bedeutet nichts anderes als den *Marktwert* dieser Naturschätze. Und man *muss* sie geradezu ausbeuten; das ist in diesem Begriff schon angelegt. Mir schaudert bei diesem Wort. Lasst uns wieder von **Bodenschätzen** sprechen!

»Klimawandel«

Es klingt so poetisch: Klimawandel! Hat sich die Erde nicht schon immer gewandelt? Gehört das nicht zur Harmonie der Natur? Ich gebe der Industrie 10 von 10 Punkten für diese kreative Wortschöpfung, die uns alle immer wieder in gefühltem Frieden einlullt. Allerdings sollten wir diesen Begriff erbarmungslos aus unserem Wortschatz streichen und das Kind beim Namen nennen. Für das, was die Menschheit veranstaltet, hat sich in der globalen Fachliteratur längst ein ehrlicher Begriff durchgesetzt: *climate disturbance*, **Klimazerrüttung**. Denn was geschieht, ist kein »Wandel«, auch keine »Krise« (Krisen sind temporär und lösen sich irgendwie wieder), sondern massive, destruktive Eingriffe in planetare Lebensstrukturen. Es ist eine reine Zerstörungsorgie, die man auch **Klimazerstörung** nennen kann.

»Nachhaltig«

Es war ein Riesengewinn für den Naturschutz, als der Begriff *sustainable* entdeckt wurde. Nun hatte man einen sachlich klingenden Begriff, der ausschließlich für Dinge verwendet werden konnte, die das *langfristige* Wohl der Erde und all ihrer Lebewesen garantierten. (Die deutsche Entsprechung hat sogar Geschichte: Das Wort »nachhaltig« wurde erstmalig Anfang des 18. Jahrhunderts bei der Wiederaufforstung des katastrophal entwaldeten Landes gebraucht.) Doch schnell begann die Wirtschaftslobby, den Begriff auf alles anzuwenden, das tragfähig im Sinne von »die Investition wert« ist. Sogar ein Schaufelradbagger, der sich schnell rentiert, wird als »nachhaltig« bezeichnet, oder eine Erdölaktie, die permanent Gewinn abwirft. Zusätzliche Verwirrung gibt es, seit Wegwerf-Essstäbchen aus Holz als »nachhaltig« angepriesen werden, weil sie nicht aus Plastik sind (obwohl für sie ganze Wälder abgeholzt werden), und Essstäbchen aus Plastik als »nachhaltig« bezeichnet werden, weil sie nicht aus Holz sind. Die einzige nachhaltige Lösung dabei wäre, aus der Wegwerfkultur auszusteigen.

»Realo«, »Realpolitik«

Öfter als andere Politiker werden Mitglieder von Grünen Parteien aufgefordert, »realistisch« zu werden. Dies setzt voraus, dass »Realität« mit dem unveränderlichen Wunsch der Wirtschaft nach immer mehr Wachstum, Expansion und Gewinn gleichgesetzt werden kann. Die Abschwächung von »Umwelt«-Auflagen bringt der/m Grünen ein herablassendes Schulterklopfen der Big Daddys der etablierten Parteien und der Konzerne ein. Ah, du wirst jetzt »realistisch«. Gib dein Rückgrat auf, gib zu, dass Radikalismus zu viel Nerverei für uns bedeutet. Per Definition beruht Realpolitik auf der »Grundannahme, dass Werte und die darauf basierenden Mittel letztlich immer verhandelbar sind« (Wikipedia). **Das Wohl der Erde ist aber nicht verhandelbar!** Die Erde braucht *radikale* Erdhüter (das Wort kommt von lat. *radix*, Wurzel).

»Raubtier«, »Raubvogel«

Für die meisten Menschen *raubt* ein Raubtier oder Raubvogel etwas. Rauben nicht alle Fleischfresser das Leben ihrer Beute und fliehen wie Diebe in der Nacht? Nun, zerstören nicht auch alle Pflanzenfresser lebende Pflanzen? Veraltete Namen wie diese gehen einige Jahrhunderte zurück, als die frühe Wissenschaft von biblischer Moral durchdrungen war. Und wir haben einen blinden Fleck für uns selbst: Haie werden oft als die größten Raubtiere der Welt bezeichnet — jährlich töten sie etwa 17 Menschen. Aber jedes Jahr töten die großen Fangschiffe *100 Millionen* Haie! ▪

»Mythos«

Ein Mythos ist eine Berichterstattung aus den tieferen Schichten der Welt, die in mündlicher Überlieferung bei indigenen Völkern über Jahrtausende weitergegeben wird. Schöpfungsmythen handeln dabei *nicht* in der Vergangenheit, sondern in der verborgenen Welt der Ursachen hinter der Erscheinungswelt. *Der Mythos eines Volkes ist ein Fundament seiner Beziehung zur lebendigen Erde.* Aborigenes wandern einmal im Jahr entlang der mythischen Songlines, um die Welt in ein erneuertes Dasein zu singen; ähnlich taten das die keltischen Barden in Irland. Wahre Mythen erzählen, wie wir der Welt *dienen* können. Die Industriegesellschaft dagegen benutzt das Wort als Synonym für Aberglaube, Trug und sogar »Lüge«. Diese bösartige Entstellung des Begriffs kommt nicht von ungefähr: In den Mythen der Naturvölker liegt große Kraft, die Menschen mit der Erde zu verbinden, und daher eine große potentielle Gefahr für das Funktionieren der Konsumgesellschaft, die auf Entfremdung aufbaut. Einen Begriff, der für indigene Völker Heiliges beschreibt, als Synonym für Lüge zu verwenden, ist ein aggressiver und zutiefst kolonialistischer Übergriff.

»Naturspektakel«

Gern melden die Massenmedien ein anstehendes Naturereignis wie z. B. eine Mondfinsternis als ein »Spektakel«. Aber dieses Wort suggeriert normalerweise billigen Jahrmarkts-Kitsch, im Gegensatz zu einer seriösen Sache wie z. B. einer Kunstausstellung in einem etablierten Museum. Nun kann auch ein ehrwürdiges Museum mal ein »Spektakel« veranstalten, z. B. für Kinder. Das Argument ist dann Unterhaltung (und ungesagt: Unterhaltung für einfache Menschen, Kinder und das dümmere Volk). Aber merke: Die Natur veranstaltet nichts zur Unterhaltung des Menschen, diese Auffassung ist rein anthropozentrisch.

»Pampa«, »Walachai«

Pampa und Walachei sind zwei klassische Beispiele für Wortmissbrauch, der vollständig aus einem erd-entfremdeten urbanen Kontext stammt. Weil der »normale Mensch« gar nicht weiß, wo diese Landschaften sich befinden, sagt sich der Städter, sind sie ein gutes Pseudonym für entfernter Landstrich. Die versteckte anthropozentrische Missbilligung der Natur ist dabei enorm: Wenn eine Landschaft mehr als eine Autostunde vom Stadtzentrum entfernt ist, was ist sie dann schon wert? Es sind aber lebendige, heilige Landschaften, die derart verhohnepiepelt werden.

Blossom (4)

7. Das sechste Massensterben

Die gute Nachricht ist, dass die Erde nur zwei Hauptprobleme hat: das Massensterben und die Klimazerrüttung. Die schlechte Nachricht ist, dass beide riesig sind, und dass sich die Menschheit bei dem Versuch, die Ursachen zu bekämpfen, seit mindestens vierzig Jahren im Kreis dreht.

Im Gegensatz zur Klimazerrüttung findet das Massensterben nicht viel Aufmerksamkeit in der Öffentlichkeit. Aber das Massensterben ist genauso schwerwiegend und bedrohlich für den Planeten – und insbesondere für das Überleben der Menschheit. ◾

»Die Luft, die wir atmen, das Wasser, das wir trinken, und die Nahrung, die wir essen, hängen alle von der Artenvielfalt ab«, sagt Damian Carrington, Ökologie-Redakteur des *Guardian*, und zitiert Prof. David Macdonald von der Oxford University: »Ohne Artenvielfalt gibt es keine Zukunft für die Menschheit,« ◾ denn ohne sie fehlt die Grundlage für nötige Veränderungen zur Anpassung an die sich wandelnde Umgebung. Das sechste Massensterben bezeichnet nichts Geringeres als den schlimmsten Verlust an Leben auf der Erde seit dem Aussterben der Dinosaurier vor etwa 65 Mio. Jahren. Die vollständige Ausrottung riesiger Populationen von Tieren und Pflanzen. Eine »Welle der *biologischen Vernichtung*, die mögliche Artensterben im großen Maßstab, massive Artenrückgänge und verschiedenste Massaker umfasst«. (S. Banerjee)■

In jedem Bereich Gaias (Meer, Luft, Land) werden die Symptome eines fortschreitenden Zusammenbruchs der globalen Lebenserhaltungssysteme überwältigend deutlich. Organismen leiden unter (physikalischer, chemischer, nuklearer, sonarer, mikrowellenbedingter) Verschmutzung, und mit der Zerstörung ihrer Lebensräume (durch die Erweiterung von Siedlungsgebieten, Industriegebieten, Ressourcenentnahmen und Transportwegen) verschwinden ganze Arten in alarmierender Geschwindigkeit. Die globale Erhitzung ■ erhöht die Geschwindigkeit des Aussterbens, und der Verlust der biologischen Vielfalt und die daraus resultierende Schwächung oder gar der Zusammenbruch von Ökosystemen beschleunigen den Klimakollaps.

Der **Verlust der Artenvielfalt** ist alarmierend. Und ebenso die Geschwindigkeit, mit der es geschieht – etwa 100 bis 1.000 mal schneller als je zuvor in der Erdgeschichte.■ »Jährlich verschwinden Tausende, wenn nicht gar Zehntausende, von Arten«, sagt Prof. Eileen Crist.■ »Und die Biosphäre blutet nicht nur an Arten aus, sie verliert auch ihre Fülle an Wildnis und Wildtieren. Die riesigen Herden und Schwärme verschwinden, sie wandern nicht mehr.« Der *Verlust von Lebensräumen* ist allgegenwärtig. Wälder verschwinden, und allein im 20. Jh. ging die Hälfte der Feuchtgebiete der Welt verloren. Landschaften und Meereslandschaften verlieren ihre ökologische Komplexität, und die daraus resultierende *Vereinfachung* der Ökosysteme wird »durch die Globalisierung, d.h. die schnelle Homogenisierung der Biosphäre«, verschärft. *Invasive Arten*, die oft über menschliche Handelswege kommen, bedrohen die lokalen. In den zerrissenen Landschaften tritt die »Biodiversität – die einzigartige Schönheit jedes Ortes –, erst zurück, dann verschwindet sie ganz«. ■

Der Naturforscher Wade Davis erinnert uns daran, was Überfluss einstmals hieß. Über Wandertauben: »1870, als ihre Zahl bereits stark zurückgegangen war, überflog ein einziger Schwarm, eine Meile breit und 320 Meilen lang, mit geschätzten zwei Milliarden Vögeln, Cincinnati am Ohio River.« Die Schwärme schwärzten den Himmel, der Lärm der fliegenden Vögel war vergleichbar mit »dem eines Sturms, das Geräusch ihrer Landung mit Donnern«. Und über Fische: »Vor den Ufern Neufundlands waren die Kabeljaue so zahlreich, dass selbst Schiffe mit Wind in den Segeln kaum vorankamen, weil die Dichte der Fische das Wasser blockierte. Europa und ein Großteil der Neuen Welt lebten 300 Jahre lang von der Beute. Dann, in den Jahren meiner Jugend, industrialisierten Fabrikschiffe die Fischerei und reduzierten die Art in einer einzigen Generation auf einen Schatten ihrer selbst.« ■ Die Welt wird entleert, der Rückgang des Lebensreichtums vollzieht sich »Art für Art, Population für Population, Lebensraum für Lebensraum, und heute […] Hektar für Hektar«. (Crist) ■

Living Planet 2018 – der Bericht des World Wildlife Fund (WWF) sagt, dass seit 1970 **60%** aller **Säugetier-, Vogel-, Fisch- und Reptilienarten** der Erde verlorengegangen sind. Die Situation hat »die führenden Experten der Welt veranlasst zu warnen, dass die Vernichtung von Wildtieren heute etwas ist, was die Zivilisation bedroht« (*The Guardian*). ■ Laut dem Fachmagazin *Nature* ist das marine **Phytoplankton** in Oberflächengewässern von 1950 bis 2010 um etwa **40%** zurückgegangen, möglicherweise als Reaktion auf die Erwärmung des Ozeans. ■

Eine Langzeitstudie in Deutschland ergab, dass von 1990 bis 2017 die Häufigkeit (Biomasse/Gesamtgewicht) von **Fluginsekten** um **76%** zurückging. Mit anderen Worten, der Insektenreichtum ist auf weniger als ein Viertel zurückgegangen. ■ 78% der wilden Pflanzenarten in der gemäßigten Zone und 94% in den

Tropen werden von Tieren be-
stäubt – nicht nur von Honigbienen und Wildbienen, sondern
auch von Fliegen, Schmetterlin-
gen, Motten, Wespen und Käfern.
75 % der weltweit wichtigsten
Nahrungsmittelpflanzen benötigen Bestäubung, gesunde Popu-
lationen von Wildbestäubern steigern die Erträge deutlich. ■
»Wenn wir die Insekten verlieren, wird alles zusammenbrechen«,
sagt Prof. Dave Goulson von der Sussex University, Großbritannien.
»Wir sind derzeit auf dem Weg zum ökologischen Harmagedon.« ■

Blossom (4)

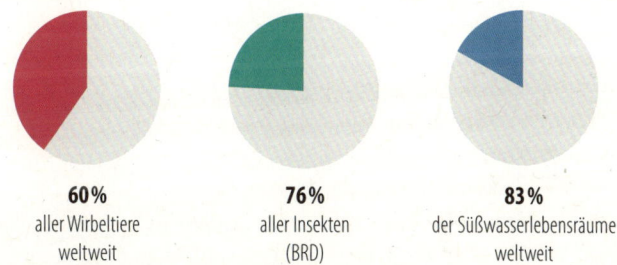

60 %	**76 %**	**83 %**
aller Wirbeltiere	aller Insekten	der Süßwasserlebensräume
weltweit	(BRD)	weltweit

Abb. 2: Ausgelöscht seit 1970

Bäume verschwinden auf der ganzen Welt. Nicht nur wegen
der Entwaldung im großen Stil, sondern einfach einzeln, Baum
für Baum, Art für Art. In Afrika sterben die alten Baobabbäume,
die als Wasserspeicher für ganze Gemeinden dienen, auf mysteriöse Weise. ■ Im Mittelmeerraum sind die Olivenbäume sowie
die Dattelpalmen durch Pandemien ernsthaft bedroht. ■ In
Nordeuropa kämpfen Lärchen, Eichen, Ahorne, Kastanien und
Wacholder mit einem Krankheitserreger, ■ und Eschen erliegen
dem Eschentriebsterben. ■ Eichen werden zusätzlich durch COD
(Chronic oak Dieback) und AOD (Acute oak decline) belastet. ■ In

59

den USA wurde bisher bei 60 Nadelbaumarten die braune Nadel-
fäule gefunden. ▪ Zwischen 2001 und 2005 tötete ein winziger
Borkenkäfer (*Ips confusus*) mehr als 50 Millionen Piñonkiefern,
etwa 90 % der alten Bäume im Norden New Mexicos. Eine Reihe
anderer Nadelbäume nimmt in den USA deutlich ab, ▪ aber die
größte Tragödie im modernen Amerika war die Kastanienpan-
demie, die »schätzungsweise drei bis vier Milliarden Bäume […]
tötete.« ▪ Viele weitere Baumarten der Welt verschwinden aus
ihrer Heimat, von Kanada bis Argentinien, von der Schweiz bis
Simbabwe, von China bis Neuseeland. ▪

Es gab im Laufe der Erdgeschichte bereits fünf weltweite Massensterben; das letzte geschah vor 65 Mio. Jahren, als Klimaver-
änderungen nach dem Einschlag eines riesigen Kometen u.a.
die Dinosaurier auslöschten. Und jedesmal brachte Gaia (über
Jahrmillionen) einen neuen und noch größeren Artenreichtum
hervor. Das darf uns aber keinen Grund geben, nun alles zu zerstören nach dem Motto »Die Natur wird's schon wieder richten«.
Gaia ist stark, aber es gibt auch Warnhinweise: Die Tatsache, dass
seit etwa 400.000 Jahren die Exzentrizität der Erdumlaufbahn
regelmäßig zu Eiszeiten führt (vergl. Kasten S. 33 und Abb. 8),
könnte sehr wohl bedeuten, dass Gaias Kraft der Selbstregulierung schwächer wird. Kann ein »lebendiger« Planet »altern«?

Lassen Sie uns diese globale Tragödie systematisch betrachten.
Der Harvard-Entomologe und Biodiversitätspionier Edward O.
Wilson ▪ hat die vielfältigen Ursachen für den Verlust der Biodi-
versität unter dem Akronym HIPPO zusammengefasst. Damit will
er nicht dem guten alten Nilpferd (*Hippopotamus*) irgendetwas
anlasten. Es ist eine Abkürzung für **H**abitatzerstörung, **I**nvasive
Arten, **P**ollution (Verschmutzung), **P**opulation (Bevölkerung),
Overharvesting (Übernutzung). Die Klimazerrüttung ist ein großer
Faktor unter H (aber wir werden sie in einem eigenen Kapitel
betrachten).

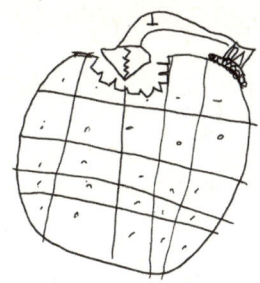

Julia (9)

8. Lebensraumverlust

Die menschliche Besiedlung hat sich im Laufe der Jahrtausende zunehmend ausgebreitet. »Die weitverbreitete Zerstörung von Lebensräumen wurde erst im 19. Jh. mit Beginn der industriellen Revolution zu einem gut organisierten globalen Phänomen.« (Harding)■ Davor war die Erde noch von einem zusammenhängenden Muster aus wilden Lebensräumen bedeckt, die sich mit nur wenigen Anbauflächen vermischten. ■ Heute fordert die Menschheit fast alles Land für Nahrungsmittelproduktion, Wohnungsbau, Industrieanlagen, Flughäfen, Häfen, Verkehrswege, Kraftwerke und Dämme.■

Die Agroindustrie ist der größte Treiber für den Verlust und die Fragmentierung von Lebensräumen (die landwirtschaftliche Nutzfläche macht derzeit 45 % der Landfläche der EU aus, ebenso in den USA). Der Trend zu immer größeren monokulturellen Feldern vernichtet selbst die letzten artenreichen Hecken und ungenutzten Streifen. Die industriellen Agrarflächen mit ihren Pestiziden sind Massengräber für Insekten und deren Beutetiere (Fledermäuse und Vögel, die Giftstoffe in ihrem Körper ansammeln). Laut dem European Bird Census Council ist der Bestand an Ackerlandvögeln in 28 europäischen Ländern in den letzten drei Jahrzehnten um 55 % gesunken (wobei es bereits in den 1960ern, als Pestizide ihren weltweiten Kreuzzug begannen, zu einem dramatischen Rückgang der Vogelpopulationen gekommen war).■ Seit 1970 sind aufgrund enormer Wasserentnahmen für die

Agroindustrie sowie durch Verschmutzung und Dämme die Süß-wassertier-Populationen um 81 % zusammengebrochen. ■

Von »klimabedingtem physiologischem Stress« sind vor allem Bäume betroffen (durch Stürme und Überschwemmungen, Erosion, Dürren, schnelle Erwärmung). Dies ist die Erderhitzung, die als Faktor der Zerstörung von Lebensräumen wirkt. Die alten Lebensräume werden zu warm und trocken, und einzelne Bäume können im Gegensatz zu Fischen nicht schnell genug in kühlere Regionen, d.h. polwärts, wandern.

Der Hauptfaktor für den weltweiten Verlust der biologischen Vielfalt und der Biomasse ist jedoch die Entwaldung, deren Zunahme 2018 einen neuen Rekord erreichte. Während die unerbittliche Zerstörung des Amazonas-Regenwaldes weitergeht, »nähert sich der größte Wald der Welt nun dem Kipppunkt, der – wie Experten fürchten – sein Verschwinden besiegeln könnte«. ■ Von der enormen Waldvernichtung für Palmölplantagen in Indonesien wissen wir alle. Und die Insel Neuguinea, auf der es immer noch größere Gebiete intakten Tropenwaldes gibt, wird nun vom Projekt »Trans-Papuan Highway« bedroht, einem 4000 km langen »Entwicklungskorridor« zur Gewinnung von »Primärressourcen«. ■

Denken Sie mal an all die Lebewesen wie Vögel und andere Tiere, die ihre Häuser und Nahrung um diese Bäume herum fanden. »Was ist mit ihnen passiert, und wie reden wir über das, was wir nicht sehen können und nie erfahren werden?« (S. Banerjee) ■ Nehmen wir die drei bis vier Milliarden amerikanischen Kastanienbäume, deren Blütenreichtum Honigbienen und andere Bestäuber versorgte. Jeden Herbst versorgten bis zu 6.000 Edelkastanien pro Baum eine Vielzahl von Truthähnen, Bären und anderen Wildtieren mit Vitamin C, Eiweiß und Kohlenhydraten. ■ Auf dem Pajarito Plateau in den Jemez Mountains in New Mexico, wo es zu dem schlimmen Sterben der Piñonkiefern kam, ging die Vielfalt der Vögel um 45 % zurück und der Vogelreichtum um 73 %. ■

Fragmentation

Heute sind alle Lebensräume – Wälder, Feuchtgebiete, Tundra, Mangrovensümpfe – stark geschädigt und immer noch mit zunehmenden Gefahren konfrontiert. Wenn Menschen die Wildnis angreifen und wieder ausspucken, lassen sie in der Regel ein paar Stellen unberührt. Diese werden zu den letzten Zufluchtsorten für die verbliebenen Populationen der vielen wilden Kreaturen, die einst so frei herumstreunten. Aber eingekesselt von unwirtlichen Agrarflächen, Gebäuden und Straßen, werden diese Inseln bald zu Gefangenenlagern und Hospizen. Oft sind die Fragmente zu klein, um geeignete Gefährten, genügend Futter oder selbst einen Ort zum Ausruhen zu finden. ■

Was wird getan?

Die Schaffung von Naturschutzgebieten (so groß wie möglich) und die Planung von Wildtierkorridoren, die sie verbinden, steht im Fokus vieler Regierungsbehörden und NGOs. Die UN Convention on Biological Diversity (CBD) schloss 2018 mit einem breiten internationalen Abkommen zur Umkehrung der globalen Naturzerstörung und des Artenverlusts. Danach begannen zwei Jahre intensiver Verhandlungen, die zu einem ehrgeizigen neuen globalen Abkommen auf der nächsten Konferenz in Peking 2020 führen sollten. Sonst könnte die Menschheit die erste Spezies sein, die ihr eigenes Aussterben dokumentiert, warnt Cristiana Paşca Palmer vom CBD. ■

Die Biodiversitätskonferenzen finden jedoch erbärmlich wenig Beachtung, und »der Geist der internationalen Zusammenarbeit scheint ebenso vom Aussterben bedroht wie die bedrohte Tierwelt« (*The Guardian*). ■ Staatschefs zeigen sich nicht, und selbst Umweltminister sind nicht selbstverständlich, Deutschland schickte 2018 nur eine Staatssekretärin. Die Ziele – bis 2020 die Naturreservate von 10 % auf 17 % der globalen Landfläche auszudehnen – werden von vielen Nationen verfehlt. Pooven Moodley,

63

Direktor der NGO Natural Justice, sagt: »Es fühlt sich an, als würde man die Liegestühle neu anordnen, während die Titanic sinkt.«

Viele Naturschützer argumentieren, dass auch der Schutz von 17% der Landfläche das große Sterben nicht stoppen wird. Die Schutzziele sollten nicht von dem Wenigen bestimmt werden, was der Mensch *bereit* ist aufzuwenden, sondern von dem, was zum Schutz der Natur *notwendig* ist. Die Organisation Nature Needs Half (www.natureneedshalf.org) verfolgt einen weitaus mutigeren Ansatz und setzt sich dafür ein, dass bis 2050 ganze 50% unseres Planeten für die Natur erhalten bleiben. Unterstützt wird die Idee vom renommierten Harvard-Biologen E. O. Wilson, der sein jüngstes Buch *Die Hälfte der Erde* sogar entsprechend benannte. »Wir flegeln orientierungslos herum, ohne ein bestimmtes Ziel außer Wirtschaftswachstum und ungehindertem Konsum«.

Was kann ich tun?

- Reden Sie: Sprechen Sie mit Freunden und Kollegen über die Bedeutung der Artenvielfalt. Unterschreiben Sie Petitionen und/oder schreiben Sie eigene Nachrichten an (lokale, regionale, nationale) Politiker.

- Setzen Sie sich ein gegen Pestizide, Neonicotinoide, usw.

- Unterstützen Sie die Greenpeace Global Oceans Campaign, und ähnliches.

- Mit oder ohne Kinder: Sehen Sie sich das kurze Greenpeace-Video »Rang-Tan in my bedroom« an.

- Leben Sie bewusst und bemerken Sie, was um Sie herum passiert. Schauen Sie, was Sie fühlen und sprechen Sie darüber mit anderen.

- Wenn Sie einen Garten oder Balkon haben, füttern Sie Vögel im Winter und Frühjahr (außer ggf. wenn eine Katze in der Nähe ist). Aber statt offener Vogelhäuser sollten hygienischere Silos verwendet werden.

Tula (5)

Leala (5)

9. Invasive Arten

Invasive Arten – die sich meist im Fahrwasser menschlicher Aktivitäten verbreiten – sind einer der fünf wichtigsten Treiber für den Verlust der Artenvielfalt. Selbst in vergleichsweise gesunden Ökosystemen mit geringer Lebensraumfragmentierung können sie erhebliche Schäden verursachen. Und das Problem nimmt durch Tourismus und Globalisierung zu. ■ Die meisten eingeführten Arten bleiben harmlos oder verschwinden wieder. Aber eine Minderheit verursacht massive Störungen. Das Fehlen eigener »Fressfeinde« und Krankheiten verschafft ihnen einen Vorteil gegenüber den heimischen Arten. ■ Auch Schädlinge und Parasiten migrieren: Moskitos wagen sich jedes Jahr weiter nach Norden, ebenso wie Zecken. In Mitteleuropa kommen seit 2015 neue und gefährliche Zecken aus Afrika an. ■ Die ethische Frage, ob man versuchen soll, invasive Arten zu kontrollieren, hängt mit der *Tierethik*, aber auch mit der *Umweltethik* zusammen. Es geht nicht darum, die Einheimischen gegen die exotischen Arten zu setzen, sondern um das gesamte Ökosystem, an dem sie Anteil haben (oder eben nicht). ■

Beispiel Eichhörnchen: In ganz Europa ist das rote Eichhörnchen (*Sciurus vulgaris*) seit jeher heimisch. Es hat sogar einen Platz in der nordischen Mythologie, in der es am Weltenbaum auf- und abläuft, um als Botschafter zwischen den göttlichen Kräften der himmlischen Sphären und denen der Unterwelt zu vermitteln. Aber seit der Einführung des amerikanischen Grauhörnchens (*Sciurus carolinensis*) auf den Britischen Inseln im Jahr 1889 hat letzteres das rote Eichhörnchen in fast allen Gebieten verdrängt. Der Hauptgrund dafür ist das Squirrelpox-Virus, gegen das das Graue immun ist, das Rote aber nicht. Der »Austausch« des Roten durch das Grauhörnchen betrifft jedoch die gesamten Ökosysteme. Die Zahl der Singvögel sinkt in den »Grauzonen«, bedingt durch Nahrungskonkurrenz und weil die Grauen gelegentlich Vogelnester ausrauben (sie fressen auch Insekten und manchmal Frösche). Außerdem fressen graue Eichhörnchen Baumrinde. Europa hat viele Baumarten mit dünner Rinde, die besonders anfällig für Angriffe sind, wie Buche, Birke, Eibe, Ahorn und Obstbäume wie Kirsche. So haben bei der Frage, ob man dem grauen Eichhörnchen seinen Lauf lassen sollte (»Die sind doch auch Natur!«), nicht nur die Menschen ein Mitspracherecht: Die Vögel, die Frösche und die Bäume sind auf der Seite des roten.

Was wird getan?

Es gibt Programme zur Überwachung und Kontrolle invasiver Arten. ■ Das Töten von Tieren ist nicht der einzige Weg; es gibt noch Einschränkung der Fortpflanzung sowie Hilfe natürlicher Raubtiere. Studien aus Irland zeigen zum Beispiel, dass das rote Eichhörnchen einen alten Verbündeten hat: den einheimischen Baummarder. Die invasiven grauen Eichhörnchen sind größer als die roten und nicht so schnell, für sie ist der Marder eine ernsthafte Bedrohung. ■

Was kann ich tun?

- Keine Tiere aussetzen.

- Heimische Flora im Garten. Keine Gartenabfälle in den Wald bringen.

- Bringen Sie als Auslandsreisender keine Tiere, Pflanzen oder Samen mit nach Hause.

- Wenn Sie Tiere in Ihrer Obhut haben, beachten Sie die…

  Vier Leitsätze der Tierethik (Fraser 2012) ■
  1. Bieten Sie den Tieren, die Sie versorgen, ein gutes Leben.
  2. Begegnen Sie Leiden mit Mitgefühl.
  3. Achten Sie auf unsichtbares Leid.
  4. Schützen Sie die lebenserhaltenden Prozesse und das Gleichgewicht der Natur.

Mass Mortality Events (MMEs)

Eine ganz andere Art der »Invasion« sind die Massensterben, die aus dem Nichts zu kommen scheinen und als Mass Mortality Events (MMEs) bezeichnet werden.

Im Frühjahr 2015 grasten in Kasachstan an die 200.000 Saiga-Antilopen (*Saiga tatarica*), die lose über eine Fläche von 20 qkm verstreut waren. Aber innerhalb von zwei bis drei Tagen wurden sie alle krank, und am Ende jener Woche war jede einzelne tot. Das Rätselhafte war, dass es sich nicht einmal um eine Pandemie handelte: Es gab gar keine Zeit für die Übertragung von Tier zu Tier. Nach 32 Obduktionen wurde der mysteriöse Grund gefunden. Tatsächlich gab es keinen von außen eingedrungenen Erreger, sondern ein Bakterium (*Pasteurella multocida*), das normalerweise harmlos in den Mandeln der Antilopen lebt. Aber eine Hitzewelle mit 37°C und einem Feuchtigkeitsanstieg auf über 80% hatte die Bakterien dazu angeregt, sich stark zu vermehren und in ihren Wirtstieren eine Blutvergiftung zu verursachen. ■ 67

Ein MME ist ein einzelner katastrophaler Vorfall, der viele Exemplare einer Art in sehr kurzer Zeit vernichtet. MMEs gehören zu den extremsten Phänomenen der Natur und können Arten an den Rand des Aussterbens bringen. Sie sind auf dem Vormarsch und werden aufgrund des Klimawandels wahrscheinlich immer häufiger auftreten. Ein weiteres riesiges temperaturbedingtes MME ereignete sich 2013, als an der amerikanischen Westküste von Mexiko bis Alaska das größte jemals in der Natur beobachtete Massensterben geschah. Hunderte von Millionen von Seesternen – mehr als 20 Arten – zerfielen zu weißem Brei. Ähnlich wie bei dem MME der Saiga war auch das Seesternvirus seit jeher in den Tieren vorhanden. Die klimabedingte Erwärmung des Pazifik hatte die Tiere geschwächt, und das Virus virulenter gemacht. ■ ■

Potentielle MMEs lassen auch das klimabedingte Schmelzen der Permafrostböden in der Arktis noch bedrohlicher werden. Im August 2016 starb ein Junge auf der abgelegenen Halbinsel Jamal an Anthrax, und 20 weitere Menschen wurden infiziert, konnten aber behandelt werden und überlebten. Anthrax war in der Region seit 75 Jahren nicht mehr gesehen worden. Der Ausbruch folgte einer intensiven Hitzewelle in Sibirien, bei der Temperaturen über 30°C den gefrorenen Permafrost schmelzen ließen. »Lange schlafende Sporen der hochinfektiösen Milzbrandbakterien, die im Kadaver eines infizierten Rentiers eingefroren waren, wurden wieder aktiv, infizierten Rentierherden und schließlich Einheimische«, erklärt Jeremy Plester in seinem *Guardian*-Artikel »Die Hölle bricht los, wenn die Tundra auftaut...« ■

Blossom (4)

10. Verschmutzung

Plastik

Weltweit wurde bis 2015 eine Menge von 8.300 Mio. Tonnen (= Megatonnen, Mt) produziert. Ein Teil davon ist weiterhin in Gebrauch, aber der Großteil ist unser – bisheriges – Erbe: etwa 6.300 Mt Plastikmüll (davon wurden etwa 9% recycelt, 12% verbrannt und 79% endeten in Müllhalden, Böden und Gewässern). ■ Beim bisherigen Trend wird diese Zahl sich bis 2050 fast verdoppeln. ■ Die gegenwärtige Menge von jährlich etwa 300 Mt *neu* erzeugten Plastiks wird in kürze stark anschwellen (siehe unten), und man erwartet, dass sie 2050 knapp 2.000 Mt jährlich erreichen wird. ■

Etwa ein Fünftel des Plastikmülls in den Meeren wird über Flüsse eingetragen. Über 90% davon stammen aus lediglich zehn Flüssen: acht in Asien und zwei in Afrika. ■ Aber lasst uns das nicht diesen Kontinenten ankreiden – sie importieren riesige Mengen an Abfällen aus Europa und Nordamerika. ■

Im August 2018 wurden vor der Südküste Mexikos etwa 300 gefährdete Oliv-Bastardschildkröten (*Lepidochelys olivacea*) tot aufgefunden, die sich in einem weggeworfenen Fischernetz verfangen hatten. Der Tod dieser Meeresschildkröten macht auf tragische Weise die Gefahren deutlich, die von ausrangierter Fischereiausrüstung ausgeht. Nach Zahlen des UN Environment Programme (UNEP) verfangen sich »jährlich über 100.000 Wale, Delphine, Robben und Schildkröten in weggeworfenen oder über Bord gegangenen Fischnetzen, Langleinen, Fischfallen und Hummerfangkörben. Einige dieser ausrangierten Netze haben die Größe eines Fußballfeldes, und diese aus Kunststoffseilen gefertigten Netze brauchen 600 Jahre, um zu zerfallen, wobei sie ständig Mikroplastik abgeben.« ▪

Mikroplastik werden Teilchen genannt, die kleiner als 5 Millimeter sind. Sie entstehen aus allen möglichen Plastikgegenständen, die entweder an Land verwittern oder im Wasser durch die Kraft der Wellen in immer kleinere Teile zerrieben werden. Aber auch sie sind nicht das Ende der Kette: Der Zerfall geht weiter bis in den Nanobereich, bis zu Einzelmolekülen, die Mikroorganismen kontaminieren, sich dann entlang der Nahrungskette anreichern und somit alle Lebewesen vergiften. Aufgrund ihrer chemischen und physikalischen Eigenschaften ziehen Mikro- und Nanoplastikteilchen auch andere chemische Giftstoffe an, die sie an sich binden und die sich somit verstärkt ebenfalls in Organismen ansammeln.

Eine spezielle Form vom Mikroplastik sind die **Mikrofasern**, welche aus synthetischer Kleidung und Teppichen bzw. Auslegeware stammen. Jeder Maschinenwaschgang kann bis zu 700.000 mikroskopischer Plastikfasern freisetzen, wenn man synthetische Stoffe wäscht. Acryl setzt mit fast 730.000 Teilchen per Waschgang die meisten Fasern frei, knapp anderthalbmal so viel wie Polyester und fünfmal so viel wie Polyester-Baumwoll-Gemisch. ▪

Es geht eben nicht nur um Fischereiausrüstung und Plastikflaschen! Des weiteren lösen sich Mikrofasern auch beim Tragen synthetischer Kleidungsstücke, sie kontaminieren die Luft der Räume und gelangen schließlich in die Atmosphäre. Wäschetrockner entlüften meist direkt in die Außenluft. Im Luftraum sammeln sich diese Einträge und gehen schließlich als atmosphärischer Fall-Out in die Böden und die Gewässer ein. ■ Mikrofasern vergiften so die verschiedenen Nahrungsketten und sammeln sich im Verdauungstrakt der Tiere, wo sie deren Fähigkeit vermindern, aus ihrer Nahrung Energie zu gewinnen. Krabben, deren Mahlzeiten bis zu 1 % Polypropylen-Mikrofasern enthielten, zeigten Appetitverlust und einen signifikanten Rückgang im Wachstum. ■ Es wird auch beobachtet, dass viele Fischarten kleiner werden; die Chinook-Lachse an der Westküste Kanadas z. B. haben oft nur noch halb so viel Gewicht wie noch vor einiger Zeit. ■

Die dritte Gruppe sind die **Mikrokügelchen** (*microbeads*) aus der Kosmetik. In Großbritannien z. B. gelangen jährlich etwa 86 Tonnen von ihnen in die Naturkreisläufe – und das nur aus der Untergruppe der Gesichtspeelings; ■ dazu kommen Duschgele, Zahnpasten u. v. a. mehr. Auch Mikrokügelchen werden von Meeresbewohnern mitverspeist, und man weiß, dass sie das Wachstum beeinträchtigen, das Verhalten ändern und manche Fische sogar töten, bevor sie ins fortpflanzungsfähige Alter kommen.

Mikrofasern und Mikrokügelchen waren zwar schon von Anfang an winzig, während Mikroplastik im strengen Sinne erst im Ozean kleingemahlen wurde, aber sie alle werden üblicherweise unter dem Begriff »Mikroplastik« zusammengefasst. Diese haben sich seit den 1960ern in der Natur angesammelt. ■ *Mikroplastik ist inzwischen die meistverbreitete Form von festem Müll auf der Erde.*

Was schließlich absinkt, kann tief gelangen – bis in die Ozeangräben, die die tiefsten Orte auf der Erdoberfläche sind. Krustentiere in den Ozeangräben des Pazifik – diese Orte sind zwischen sieben und zehn Kilometern tief – sind ebenfalls schon kontaminiert. ■ Die Mikroplastikkonzentration in diesen Gewässern nimmt mit der Tiefe zu, von 13 Teilchen pro Liter Meerwasser bis zu einem Maximum von 2.200 Teilen pro Liter in den Sedimenten des Meeresbodens. Die Menschheit ist am absoluten Tiefpunkt angekommen.

Es ist nicht nur das offene Meer. Erste Hinweise auf Plastik-Kontamination von Süßwasserfischen tauchten Ende 2018 in Brasilien auf. ■ Mikroplastik wurde auch in Insekten gefunden: bei der Hälfte der Eintags- und Köcherfliegenlarven in Flüssen in Wales und bei Moskitolarven auf der ganzen Welt. Sie kontaminieren jetzt neue Lebensräume, Vögel und Tiere, die sich von diesen Insekten ernähren. ■

Neue Analysen machten das Ausmaß der Mikroplastik-Belastung in allen Bereichen von Gaia deutlich. Bereits 2016 sagte Frank Kelly, Professor für Umweltgesundheit am King's College London, einer britischen Parlamentsuntersuchung über Mikrofasern: »Wenn wir sie einatmen, könnten sie Chemikalien in die unteren Teile unserer Lunge und vielleicht sogar in unseren Kreislauf abgeben.« Dr. Anne Marie Mahon am Galway-Mayo Institute of Technology untersucht die Auswirkungen von Mikroplastik-Belastung auf lebende Organismen: »Wenn die Fasern da sind, ist es möglich, dass auch die Nanopartikel da sind, die wir nicht messen können. Sobald sie im Nanometerbereich sind, können sie wirklich in eine Zelle eindringen, das heißt, sie können in Organe eindringen, und das wäre beunruhigend.« ■

Ein Ende ist längst nicht in Sicht. Im Mai 2017 unterzeichnete Exxon Mobil ein Abkommen über 10 Milliarden Dollar mit Saudi-Arabien zum Bau der weltweit größten Plastikfabrik an der texanischen Küste und ist damit nur eines von elf Chemie-, Raffinerie-, Schmierstoff- und Gasprojekten, die Exxon in der Region realisiert. Dieser Boom wird in den nächsten zehn Jahren zu einem erwarteten Anstieg der weltweiten Plastikproduktion um 40% führen. ■ Mit solchen »Anstrengungen« könnte sich die Menge an Kunststoff in den Ozeanen laut einem Bericht der britischen Regierung innerhalb des nächsten Jahrzehnts sogar verdreifachen. ■

Seit Jahren sehen wir herzzerreißende Bilder von Schildkröten, die an Sechserpackringen ersticken, von Eidechsen, die in Plastiknetzen gefangen sind, und von Zahnbürsten und Golfbällen aus den Mägen von Seevögeln – inzwischen haben 90% der Seevögel Plastik im Bauch. ■ Aber da das menschliche Tier so gut leugnen und wegschauen kann, haben diese drastischen Bilder der Tierquälerei unseren Alltag kaum geändert – bis September 2017, als uns die Plastikwelle endlich so richtig vor den Bug knallte. Leitungswasserproben aus mehr als einem Dutzend Länder zeigten, dass 83% mit Plastikfasern belastet waren. Die höchste Belastungsrate wurde in den USA festgestellt, wo 94% der Proben belastet waren. Die besten Ergebnisse kamen aus Europa (inkl. Deutschland und Frankreich), lagen aber immer noch bei 72%. ■ Nachfolgende Studien fanden Plastikpartikel auch in Meersalz, Bier, Honig und Zucker. ■

Was den Körper jedoch verlässt, ist nicht das größte Problem – obwohl er wertvolle Energie- und Immunreserven benötigt, um es auszuleiten. Mikroplastik ist auch in Seevögeln, Fischen und Walen zu finden, weil die Tiere es schlucken, aber nicht verdauen können, was zu Ansammlungen in ihrem Verdauungstrakt führt. ■ Während Zahnwale verhungern, weil zu viele große Plastikstücke ihren Magen blockieren, leiden Bartenwale und Riesenhaie, die sich von Plankton ernähren, unter Mikrokunststoffen in ihrem Darm. ■

Ein weiteres schreckliches Beispiel sind PCBs (polychlorierte Biphenyle). Nachdem sie sich in den Ozeanen und in den marinen Nahrungsketten angesammelt haben, bedrohen sie heute die Hälfte der weltweiten Populationen von Schwertwalen (Orcas). PCBs schädigen ihr Immunsystem und beeinträchtigen ihre Fortpflanzung. Besonders tragisch ist, dass die fettreiche Milch der

Mutterwale sehr hohe Mengen an PCB an die neugeborenen Kälber weitergibt. Die Zukunft von mehr als der Hälfte der überlebenden Orcapopulationen weltweit ist dadurch bedroht.■ (Und Orcas haben es ohnehin nicht leicht, da der Lachs, von dem sie sich ernähren, in Größe und Anzahl stark zurückgegangen ist.■) Bei weiblichen Ringelrobben und Seehunden in der Ostsee fand man eine Verengung bzw. einen Verschluss der Gebärmutter durch zu hohe PCB-Belastung. Der Rückgang des Fischotters in Europa wird ebenfalls auf PCB zurückgeführt. Die stabilen Otterpopulationen in Großbritannien überleben mit weniger als 50 mg/kg PCB in ihrem Leberfett.■ All dies ist um so schockierender, als PCBs seit 2004 wegen ihrer Toxizität verboten sind.

Was wird getan?

- Dank milliardenschwerer Programme■ der US-Umweltschutzbehörde EPA sinken die PCB-Spiegel in den USA, z.B. im Hudson River und Puget Sound, seit Jahrzehnten beständig. »Die USA gehen weit über die Stockholm-Konvention hinaus, weil sie wissen, wie giftig PCBs sind«, sagt Paul Jepson von der Zoological Society of London. »In Europa haben wir aber nicht mehr getan, als sie zu verbieten und zu hoffen, dass sie einfach verschwinden.«

- Das Bewusstsein für Plastikmüll nimmt in diplomatischen Kreisen zu. Fast 200 Länder haben 2017 eine UN-Resolution unterzeichnet, die darauf abzielt, die Plastikflut in die Ozeane einzudämmen. Aber wie so oft (Seufzer!) hat das Abkommen keinen Zeitplan und ist nicht rechtsverbindlich.■

- Im Winter 2018-19 forderte Friends of the Earth die britische Regierung auf, »eine Reihe von Maßnahmen zur Bekämpfung der Verschmutzung durch Autoreifen in Betracht zu ziehen, darunter einen standardisierten Test zur Messung der Abriebsrate von Reifen und eine Abgabe zur Forschungsfinanzierung«.■

- Greenpeace hat eine Plastikkampagne.■

- Es gibt eine ganze Reihe weiterer Initiativen zur Reinigung der Meere.■
- Ein junger Mann aus Holland wollte auf niemanden warten und entwickelte ein globales Reinigungsprojekt: The Ocean Cleanup (www.theoceancleanup.com).■ Was auch immer das Ergebnis sein wird, es ist jedenfalls eine ermutigende Geschichte, denn sie zeigt, wie eine einzelne (junge) Person mit einer guten Idee einen Unterschied machen kann.

Die Reinigung kann jedoch nur ein Teil der Lösung sein. Es würde die Plastikhersteller dazu ermutigen, weiterzumachen, weil andere ihren Müll beseitigen. Wir brauchen weniger Plastik-Wegwerfartikel und eine neue, andere Art von langlebigen Qualitätsprodukten. Für beide Gruppen sollten die Materialien wiederverwendbar, recycelbar, und/oder wirklich biologisch abbaubar sein.

- Eine wichtige Lösung zur Vermeidung von Plastik im Meer ist laut UNEP eine bessere Sammlung und Wiederverwertung von Abfällen, insbesondere in den Entwicklungsländern. Es bedarf auch verbesserter Filtersysteme in Waschmaschinen und bessere Verfahren der Abwasserbehandlung.
- Europäische Wissenschaftler haben die Automobilindustrie aufgefordert, die Reifenmaterialien weiterzuentwickeln, und die EU hat beschlossen, dass die Reifenkennzeichnung eine andere Qualität aufweisen muss: Langlebigkeit.■
- Erforderlich ist eine grundlegende Umstrukturierung in allen Branchen, um bessere, langlebigere Produkte herzustellen, die am Ende ihrer Lebensspanne vollständig demontiert und recycelt werden können. Die Materialien müssen entweder biologisch abbaubar sein oder permanent in einem technologischen Kreislauf verwendbar bleiben. Leitbild ist die Natur: Abfall ist immer Nahrung/Rohstoff für einen anderen Kreislauf. Reifen z.B. dürfen nur Abrieb erzeugen, der biologisch

abbaubar ist. Der Ansatz **Cradle to Cradle** (»Wiege zur Wiege«) ist bereits seit dem gleichnamigen Buch von 2002 bekannt. ◼

Ein weiterer Ansatz, die Wergwerfgesellschaft grundlegend zu verändern, liegt in der Vertriebsweise. Wenn ein Einzelverbraucher eine Waschmaschine kauft, wird sie womöglich tatsächlich perfekt funktionieren – für genau einen Monat länger als die Garantiezeit. Danach hat sie vielleicht noch zehn Jahre, aber mit regelmäßigen teuren Wartungen. Dies ist ein Geschäftsmodell, das die Hersteller dazu verführt, kurzlebige Produkte zu verkaufen, in denen die Fehler-Zeituhr tickt. Besser wäre ein Leasing-Modell, bei dem der Hersteller der Besitzer bleibt und sich auch um die Wartung kümmern muss (die plötzlich gar nicht mehr so oft nötig sein wird!). Es würden Produkte von nie dagewesener Qualität entstehen.

Was kann ich tun?

- Vermeiden, vermeiden, vermeiden, vermeiden. (Ggf. mal im Buchladen nach Titeln zum Thema suchen.) ◼
- Vertrauen Sie keinen Plastiktüten, die angeblich »biologisch abbaubar« seien.
- Schauen Sie dieses Videoclip über das Tauchen im Plastikmeer vor der Küste Balis: YouTube: »Plastikmüll im Meer 2018 / So viel Plastik!« ◼
- Fragen Sie Ihr Wasserwerk nach dem Grad der Mikroplastikbelastung. Fragen Sie, was sie tun, um das Wasser von morgen sauber zu halten (in der Hoffnung, dass eine große Anzahl von regionalen Wasserwerken anfangen, Druck auf die Regierungen auszuüben).
- Unterstützen Sie Petitionen und Aktivismus für sauberes Wasser.
- Ermutigen Sie Städte und Gemeinden zur Einrichtung öffentlicher Trinkwasserstationen, um den Kult der Plastikflaschen zu beenden.
- Wenn Sie gern Kleingedrucktes lesen, vermeiden Sie beim Kauf von Kosmetika die folgenden Inhaltsstoffe: PE, PP, PET, Nylon-12, Nylon-6, PUR, AC, ACS, PA, PMMA, PS, PQ.

- Liebe Raucher! Filterzigarettenstummel nicht auf den Boden werfen! Ein einzelner synthetischer Filter enthält genügend Mikrofasern, um 500 Liter Grundwasser zu verseuchen. ■
- Sehen Sie sich den Dokumentarfilm »Weggeworfen« (mit Jeremy Irons) an. ■

Nano-Müll

Nanotechnologie ist die Manipulation von Materie auf atomarer und molekularer Ebene. Ein Nanometer (nm) ist der millionste Teil eines Millimeters. Hauptmaterial ist Kohlenstoff. ■ Die bisherige Hauptanwendung sind Kohlenstoff-Nanoröhrchen (CNT) zur Verstärkung von Kunststoffen in der Elektrotechnik und im Flugzeugbau. ■ Nanomaterialien sind kaum wasserlöslich und haben eine Lebensdauer von mehreren Tausend Jahren. Mit einer weltweiten Produktion von 1.000 Tonnen CNT pro Jahr (Tendenz: stark steigend) hat ihre Invasion der Lebenswelt begonnen. ■

Chemisch

Durch den Einsatz großer Mengen von **Pestiziden** (ca. 80% davon Herbizide, der Rest Insektizide, Fungizide und andere Spezialstoffe der chemischen Kriegsführung) ist die Agroindustrie der größte chemische Verschmutzer. Der Ausstieg aus Glyphosat und Neonikotinoiden wird weiterhin verzögert, die Dosierungen werden sogar immer höher. ■

Von allen bestäubenden Insekten sind Bienen die wichtigsten und beliebtesten. Etwa ein Drittel von dem, was wir essen, kann nur wachsen, weil Bienen die Blüten bestäuben. Und die Bienenpopulationen auf der ganzen Welt leiden stark unter Insektiziden (und anderen Formen des Missbrauchs). Man kann kein besseres Plädoyer für die Bienen halten als die Dokumentation »Mehr als Honig« von 2012. ■ Die Menschheit wird verhungern ohne Insekten. Wir haben bereits drei Viertel von ihnen verloren. ■

77

Erwarten Sie nicht, dass die verschiedenen Pestizidgruppen so sauber zielgerichtet sind, wie sie klingen. Im Agrobusiness geht es nicht um ausgeklügelte Chirurgie, sondern um die Freisetzung von Massenvernichtungswaffen. Herbizide töten nicht nur »Kräuter«, sondern auch Laufkäfer, Sägefliegen und Wespen, und zwar nicht nur auf den gesprühten Feldern, sondern auch weit der Windrichtung folgend. Und vergiftete Insekten sind Todesköder für Spinnen, Vögel und Fledermäuse – wie wir es von Insektiziden her kennen. ■ Und wofür? Ein UN-Bericht von 2017 hat gezeigt, dass Pestizide nicht notwendig sind, um die Welt zu ernähren. Selbst Neonicotinoide erbringen keinen dauerhaften Nutzen. ■ Der UN-Bericht besagt, dass Pestizide »katastrophale Auswirkungen auf die Umwelt, die menschliche Gesundheit und die Gesellschaft insgesamt« haben. ■

Die Gifte sind nicht das einzige Problem. Nur ein Bruchteil der großzügig eingesetzten Phosphatdünger bleibt auf dem Feld, viel wird ausgewaschen und verursacht Chaos in der Fluss- und Meerwasserchemie (Eutrophierung); Algenblüten sind nur die Spitze eines Eisbergs, der zum ökologischen Zusammenbruch von Meeresräumen führt – den sogenannten (und sich ausdehnenden) *dead zones.* ■ Das ist zudem eine dumme Verschwendung, weil Phosphor ein lebenswichtiges, aber knappes Mineral ist – niemand weiß, für wie viele Jahrzehnte das Phosphat in der Erdkruste noch langt ■ Doch v.a. die durch Kunstdünger verursachte Nitratbelastung von Grund- und Oberflächenwasser ist ein Riesenproblem in Agrarlandschaften ■ (verschärft durch die Gülle aus der industriellen Tierhaltung). Das deutsche Grundwasser überschreitet häufig den EU-Grenzwert ■ von 50 mg Nitrat pro Liter. Der Schweizer Grenzwert beträgt 25 mg/l, der US-Grenzwert 10 mg/l. ■

Die vergifteten Felder der industriellen Landwirtschaft töten nicht nur Insekten, sondern vieles, was ihnen ins Gehege kommt.

Dazu gehören auch die Mikroorganismen im Boden. Der gesunde

Humus verschwindet mit ihnen, und die Erosion trägt die Böden ab. Die dritte Bodenkatastrophe der industriellen Landwirtschaft ist die Kompression, die durch die schweren Maschinen verursacht wird. Verdichteter Boden hat viel weniger Sauerstoff und entwickelt eine veränderte Chemie. Auch das ist schlecht für die Bodenorganismen; ihre Vielfalt und ihr Überfluss nehmen ab. Alles in allem hat die Welt durch diese Misserfolge des industriellen Agrobusiness **bis 2014 ein Drittel ihrer Böden verloren**; wir nähern uns nun der Hälfte. *Wenn die derzeitige Nicht-Nachhaltigkeit anhält, wird der letzte fruchtbare Boden in sechzig Jahren verschwunden sein.* ■ »Wir verlieren jede Minute 30 Fußballfelder Boden, vor allem durch intensive Landwirtschaft«, sagt ein Experte der International Federation of Organic Agriculture Movements. ■ Das Nahrungsmittelsystem der Welt kollabiert. ■

Darüber hinaus gelangen überall Arzneimittel in den Boden und den Wasserkreislauf. Rund 150 Wirkstoffe wurden bisher gefunden. ■ Aber was sagen Frösche über die Schwemme von Schmerzmitteln, Betablockern, Antidiabetika und psychoaktiven Medikamenten? Ihre Kaulquappen entwickeln oft deformierte Skelette. Amphibien sind besonders empfindlich gegenüber hormonaktiven Substanzen (PCB, DDT, Bisphenol A, Phtalat u.v.a.). Sie führen bei Seesternen, Schnecken und Fischen im Süßwasser wie im Meer, Amphibien, Reptilien, Vögeln und Säugetieren zu Unfruchtbarkeit, Missbildungen (bes. der Geschlechtsorgane) und veränderter Geschlechtsentwicklung (Vermännlichung, Verweiblichung). ■ Ein Sonderfall sind Antibiotika. ■ Allein Europa und die USA verbrauchen jährlich rund 20.000 Tonnen, die Hälfte davon in der Humanmedizin, die andere Hälfte, um die Tiere in industrieller Haltung am Leben zu erhalten (trotzdem verenden jährlich knapp 14 Mio. Schweine in der BRD). ■ Viele Antibiotika gelangen mit der Gülle in den Boden- und Wasserkreislauf. Selbst in der »sauberen« Schweiz, die nicht gerade ein Fleischexportland ist, erreichte die Antibiotika-Kontamination 1 kg pro Hektar

(2001). Das ist genug, um viele Bodenbakterien abzutöten – oder resistente Stämme zu züchten.

Was wird getan?

- Man begreift langsam, dass sich der gesamte unwürdige Gigant der industriellen Landwirtschaft verändern muss, weg von Schwermaschinen und Mineralöl (Kunstdünger und Pestizide). Aber wie lange wird es dauern? Die Alternative ist bereit: der biologische Landbau; ebenso die Techniken wie biologische Schädlingsbekämpfung, Polykultur (Anbau mehrerer Pflanzenarten), Permakultur ■, Fruchtfolge. Außerdem werden drei Viertel der menschlichen Nahrung ohnehin von Kleinbauern produziert; Big Agro produziert hauptsächlich Massengetreide für ungesunde Kohlenhydrate, Mais für giftige Zuckerprodukte oder Biogasanlagen und v. a. Viehfutter.

Was kann ich tun?

- Unterstützen Sie den ökologischen Landbau.
- Summen Sie mit den Bienen.

Genetik

Monsanto und die riesigen Flächen mit gentechnisch veränderten (GV)-Pflanzen sind ein weiteres globales Experiment, ob unnatürliche DNA in den Ökosystemen der Erde überleben oder stören wird. Das ursprüngliche Versprechen der Industrie war ein doppeltes: Die genetische Veränderung würde die Pflanzen immun gegen bestimmte Schädlinge machen und damit den Bedarf an Pestiziden verringern, und v. a. würde die wachsende Weltbevölkerung diese Technologie erfordern, um ausreichend ernährt zu werden. Etwa drei Jahrzehnte später platzt diese Blase für immer. Eine umfangreiche Untersuchung der *New York*

Times (unter Verwendung von Daten der UN und der National

Academy of Sciences) zeigt, dass GV-Pflanzen weder die Ernteerträge erhöhen noch den Pestizideinsatz verringern. Im Gegenteil ist der Pestizideinsatz stark gestiegen. ■

Genmanipulation löste früh eine Diskussion über ethische Grenzen aus – zumindest im Hinblick auf die Veränderung der menschlichen DNA –, und so wurden verschiedene rechtliche Rahmenbedingungen geschaffen, um die Biotechnologie nicht ausufern zu lassen. Allerdings gibt es nun die GenDrive-Technologie und das damit verbundene *Gen-Editing*-System CRISPR/Cas9, welches schreckliche Möglichkeiten und bisher keine Regulierung hat. Damit kann man ganze Arten auslöschen – unwiderruflich. Die Ethik-Diskussion dazu steht noch aus. ■

Radioaktivität

Seit den Katastrophen von Tschernobyl im April 1986 und Fukushima im März 2011 sieht die »friedliche Nutzung der Kernenergie« nicht mehr so friedlich aus. ■ Wenn jemand immer noch denkt, dass Atomkraft eine »saubere« Energie ist, sollte er einfach die Bilder zu »Tschernobyl-Mutation« googeln. ■

In der Klimadiskussion haben einige Menschen inzwischen wieder begonnen, die Kernenergie als »saubere« und klimafreundliche Energie zu loben. Dabei ist sie weder klimafreundlich noch günstig. ■ Ihre tatsächlichen Gesamtkosten werden sich nie amortisieren. Nach mehr als einem halben Jahrhundert der Suche hat niemand in der Welt einen erfolgreichen Plan zur endgültigen Entsorgung nuklearer Abfälle entwickelt. ■ Das US-Energieministerium gibt jedes Jahr etwa eine halbe Milliarde Dollar für die Anlagen aus, in denen der Atommüll »vorübergehend« verbleibt. ■ Großbritannien gibt jährlich 2,5 Mrd. Pfund für nukleare Stilllegung und Abfallbehandlung aus. Die vollständige Stilllegung von Sellafield allein wird mehr als ein Jahrhundert dauern und ca. 67 Mrd. Pfund kosten. ■ In der BRD rechnet das Wirtschaftsministerium für den Rückbau der Kraftwerke und die

»Entsorgung« von Brennstäben bis 2099 mit Kosten von 170 Milliarden Euro. ■ Und 2099 ist nicht Schluss: Plutonium z. B. hat eine Halbwertszeit von 24.000 Jahren.

Sonar- und Lärmbelästigung

Ähnlich wie in der Luft besteht eine Schallwelle unter Wasser aus Druckunterschieden. Organismen spüren dies als Druckänderungen auf ihrer Haut und in ihren Ohren (falls vorhanden). Unter Wasser breitet sich Schall weit aus; die für Wasser geeignetsten Frequenzen liegen zwischen 10 Hz und 1 MHz. Die Schallgeschwindigkeit im Wasser ist über viermal so hoch wie in der Luft. Sowohl die Wasseroberfläche als auch der Meeresboden bilden reflektierende (und streuende) Grenzen. Fische und die meisten Meeresbewohner haben ein empfindliches Gehör. Delphine und andere Zahnwale haben sogar eine sehr hohe Hörsensitivität, insbesondere im Frequenzbereich von 5 bis 50 kHz. ■

Wale sind bekannt für ihre weitreichenden Rufe und Lieder, die den anderen Tieren ihrer Schule gelten. Wissenschaftler haben jetzt eine einzigartige, intime Form der Kommunikation zwischen Buckelwalmüttern und ihren Jungen sowie eine stille Methode zur Einleitung des Säugens entdeckt. Weil ihre Brutgewässer (etwa 5.000 Meilen von ihrer arktischen oder antarktischen Heimat entfernt) von Schwertwalen bevölkert sind, die streunende Kälber jagen, und auch, um Männchen zu meiden, die noch auf der Suche nach einer Gefährtin sind, »flüstern« Buckelwalmütter mit ihren Kälbern. ■

Lärm von Motoren und großen Schiffsschrauben der kommerziellen Schifffahrt ist im Laufe der Jahre drastisch gestiegen und schadet Walen und Delfinen. Robben werden durch laute Schifffahrtswege vorübergehend betäubt. ■

Schlimmer als Schiffsantriebe ist die seismische Erkundung bei der Jagd nach neuen Öl- oder Gasfeldern. Luftdruckgeräte und Sprengstoffe erzeugen niederfrequente Geräusche (unter 100 Hz), um Impulse für seismische Wellen zu geben, die tief in den Meeresboden eindringen. Wenn ein Standort positiv testet, wird die errichtete Ölplattform zu einer permanenten Lärmbelastung ihrer Meeresumgebung führen.

Das Allerschlimmste ist das laute militärische Sonar, mit dem U-Boote geortet werden. Es handelt sich um nichts Geringeres als Folter für Wale und Delfine, die sehr empfindlich auf Sonare reagieren. Sonar wird als Hauptgrund für die unnatürlichen Massenstrandungen von Walen und Delfinen angesehen. Schnabelwale, das häufigste Opfer der Mass Stranding Events (MSE), fliehen nachweislich vor diesen akustischen Aktivitäten. Und selbst Blauwale, die größten Tiere der Erde, deren Population im letzten Jahrhundert um 95 % zurückgegangen ist, sind dafür bekannt, die Nahrungsaufnahme einzustellen und umgehend vom Sonargeräusch wegzuschwimmen. Massenstrandungen mit mehreren Wal- und Delfinarten sind seit der Einführung des militärischen Sonars in den 1950er Jahren in die Höhe geschnellt.

Dennoch bestellte die US Navy 2015 ganze 136.000 Sonarbojen, die auf den Weltmeeren verteilt werden sollen. Die permanente Überwachung der Meere soll die schnelle Erkennung »feindlicher« U-Boote erleichtern. Überrascht vom Sonar steigen Wale zu schnell aus tieferen Gewässern auf, und der Druckwechsel verursacht innere Verletzungen. Wale sind nur der sichtbare Teil, Lärmbelästigung betrifft alle Meereslebewesen.

Was wird getan?

Im Juni 2018 hat die spanische Regierung ein Schutzgebiet für die Walwanderung ■ zwischen den Balearen und dem Festland beschlossen. Der Zeitverlauf ist beachtlich: Das UNEP-Übereinkommen zum Schutz der Meere stammt aus dem Jahr 1978, Spanien hat es 1999 ratifiziert, 2018 wird es nun ein wenig umgesetzt.

Im Juni 2018 schloss die kanadische Regierung einen Wasserstreifen entlang der Südwestküste von Vancouver Island für die kommerzielle und sogar die Freizeitfischerei. Das Schutzgebiet, etwa 45 Seemeilen lang und 6 Seemeilen breit, soll der bedrohten Orcapopulation helfen, mehr von ihrer Hauptnahrungsquelle, dem Chinook-Lachs, zu finden und in Ruhe zu fressen. Die Ruhe wird jedoch häufig durch Schussübungen der kanadischen Marine und der US-Küstenwache unterbrochen. ■

Was kann ich tun?

- Unterstütze die Meeresbewohner, z. B. durch Greenpeace-Projekte oder whales.org.
- Vermeiden Sie das Herumgurken mit Jachten oder Jetbooten.

Mikrowellen

Trotz der Gerüchte, dass Mobiltelefone ihren Benutzern »das Gehirn braten«, wollen wir uns nicht wirklich von unserem Lieblingsspielzeug distanzieren. Auch die Branche will das nicht: Der weltweite Verkauf von Smartphones ist ein Markt, der mehrere Hundert Milliarden Dollar schwer ist – pro Jahr. Der Elektroniksektor hat eine starke Lobby, das merkt man daran, dass Strahlungsgrenzwerte nicht überprüft werden und kritische wissenschaftliche Studien in den Mainstream-Medien kaum ein Echo finden. Von Anfang an hatten Mobiltelefone einen einfachen Start: Sie durften ohne staatliche Sicherheitstests auf den US-Markt und den vieler anderer Länder. ■

Noch im März 2018, als eine wegweisende Studie der US-Regierung über die gesundheitlichen Auswirkungen von Mobilfunkstrahlung erschien, »berichtete keine große Nachrichtenagentur in den USA oder Europa über diese wissenschaftliche Nachricht«. Bis *The Guardian* schließlich den Mut hatte, es vier Monate später doch zu tun (»Die unbequeme Wahrheit über Krebs und Handys«). Die Studie – eine der umfassendsten, die im Bereich der Mobilfunkstrahlung durchgeführt wurde – kommt zu dem Schluss, dass es »eindeutige Beweise« dafür gibt, dass die Strahlung von Mobiltelefonen Herzgewebekrebs verursachen kann, sowie Krebs im Gehirn und in den Nebennieren. ▪

Diese Problematik gilt – in geringerem Maße – auch für Mikrowellenherde. Deren Strahlung ist über Distanzen weit jenseits Ihrer Wohnung messbar.

Auch Insekten sind betroffen. Die hochfrequente Strahlung des Mobilfunks beeinflusst das Verhalten und die Physiologie der Honigbienen. Eine indische Studie von 2001 zeigte erst eine reduzierte motorische Aktivität der exponierten Arbeitsbienen

Quinn (10)

auf den Waben, dann Unruhe und Massenmigration. Außerdem zeigten sich Stoffwechselveränderungen, besonders ein Anstieg von Proteinen, Kohlenhydraten und Lipiden. Es ist kein Wunder, dass Bienen auf elektromagnetische Phänomene empfindlich reagieren, weil sie in ihrem Abdomen Magnetitgranulat haben, das den Bienen bei ihrem Orientierungsflug hilft; das Außenskelett der Bienen hat Halbleiterfunktionen; und die Antennen der fliegenden Insekten – Sensoren für Geruch, Geschmack, Feuchtigkeit und Temperatur – sind Teil des bioelektrischen Nervensystems. ■

Was kann ich tun?

- Trauen Sie niemals einem Hype, besonders, wenn diejenigen, die ihn preisen, damit viel Geld verdienen.
- Vorsicht bei allen kabellosen Telefonen. Wann immer möglich, den Lautsprecher benutzen – der Strahlungspegel sinkt zum Quadrat der Entfernung, d.h. die Verdoppelung des Abstandes vom Ohr (z. B. 4 statt 2 cm) bewirkt nur ein Viertel der Strahlungsmenge.
- Wenn Sie ein Headset in Betracht ziehen, nehmen Sie Kabel statt BlueTooth.
- Schalten Sie Ihr WiFi-Modem/Router aus, zumindest nachts. Auch die Insekten und Vögel werden etwas davon haben. Zu Weihnachten kann man den Nachbarn ein kleines Buch über Elektrosmog kaufen. ■
- Wenn auch Ihnen die Einführung von 5G suspekt vorkommt, können Sie sich mit der großen globalen Widerstandsbewegung vernetzen, die einen internationalen Appell organisiert: Stop 5G on Earth and in Space. ■

Gesundheit

Die Erde braucht gesunde Erdenbürger, also wollen wir nicht unser eigenes Wohl missachten. Es ist unsere Pflicht auch der Erde gegenüber, uns auch um uns selbst gut zu kümmern.

Artenvielfalt, auch hier

Von allen Lebewesen in der Biosphäre sind ca. 13 % des Lebendgewichts Bakterien. Das Verhältnis beim menschlichen Körper ist ganz ähnlich, beim Erwachsenen machen Bakterien mindestens 3 kg des Gewichts aus. Sie sind überall. Sie bedecken unsere Haut und beschützen sie vor mikroskopischen Eindringlingen. Bakterien befinden sich in all unseren Organen, sogar dem Gehirn und insbesondere dem Darm: Billionen von kleinen Helfern, ohne die wir nicht lebensfähig wären. Wir haben etwa eine Billion Körperzellen, aber zehnmal mehr Bakterien. Man bezeichnet ihre Gesamtmenge als das menschliche *Mikrobiom*.

Zur Überraschung der beteiligten Wissenschaftler hat das Humangenomprojekt ■ festgestellt, dass der menschliche Körper, der komplexeste und erstaunlichste Organismus der Galaxie, nur etwas mehr als 22.000 Gene in seinen Zellen hat, die gleiche Menge wie andere Säugetiere auch. Wie kann der Mensch die gleiche Menge haben wie eine gewöhnliche Hausmaus? Tatsächlich hat die Hausmaus sogar 3 % mehr proteinkodierende Gene als wir. ■ Wo ist also die Blaupause für unseren Körper und seine Funktionen?

Erstaunlicherweise ist es die DNA unserer Bakterien, deren Gesamtheit die genetischen Informationen enthält, die uns zu dem machen, was wir sind. Zusammen beherbergen unsere Bakterien einhundertmal mehr DNA als unsere menschlichen Zellen. Bei der Anzahl der Zellen sind wir zehn Prozent Mensch. Beim Umfang der DNA sind wir nur ein Prozent Mensch. ■

Das Mikrobiom unseres Darms erledigt nicht nur den wesentlichen Teil unserer Verdauung, es stellt auch die wesentliche Grundlage unseres Immunsystems dar und beeinflusst die anderen Organe, die Hormonaktivität und somit unsere Stimmungen. Und es hat Feedbackwirkungen auf unsere DNA und die Proteinsynthese. ■

Und Artenvielfalt ist der Schlüssel! Je größer die Artenvielfalt in uns und auf uns, umso gesünder sind wir. Bei der Geburt werden wir auf das Leben vorbereitet, indem wir in drei Abschnitten mit dem Mikrobiom unserer Mutter besiedelt werden: im Geburts-kanal, über Haut-zu-Haut-Kontakt direkt nach der Geburt und über die Muttermilch. Dies ist das Erbe der mütterlichen Linie, und es reicht Jahrtausende zurück! Kaiserschnitte und Mutter-milchersatz können das nicht erfüllen. ◾

Der abschließende Schritt zu einem gesunden Mikrobiom liegt in der Umgebung während der Kindheit. Eine Studie in 19 EU-Ländern zeigte, dass Kinder, die auf Bauernhöfen aufwachsen, signifikant weniger Risiko haben, Asthma oder Heuschnupfen zu entwickeln als Stadtkinder, einfach deshalb, weil sie eine höhere Vielfalt an Mikroorganismen besitzen. Matratzenmikroben, kein Witz, schützen vor Asthma. ◾ Kein Wunder, dass Babys und Klein-kinder ständig einem mysteriösen Drang folgen, herumzulaufen und alles in den Mund zu nehmen oder daran zu lecken. Sie prä-gen sich mit der größtmöglichen bakteriellen Artenvielfalt.

Also vergessen Sie ihren schlechten Ruf! Nur eine winzige Min-derheit von Bakterienarten ist schädlich für den Menschen. Ohne die meisten von ihnen wären wir gar nicht lebensfähig. Darum ist auch der Gebrauch von Antibiotika (griech. »gegen das Leben«) eine Maßnahme, die riesige Kollateralschäden im Organismus mit sich bringt, mit tiefgreifenden Nebenwirkungen und Ketten-reaktionen und mit weitgehend unbekannten langfristigen Kon-sequenzen.

Die große Entgiftung

Heute befinden wir uns in der Situation, dass unsere Körper, wie alle Lebewesen der Erde, einem Bombardement von ca. 30.000 künstlichen Substanzen ausgesetzt sind, die erst im Laufe des industriellen Zeitalters vom Menschen geschaffen wurden. Nur 1,8 % von ihnen sind *nicht* schädlich für uns. Und weil sie, gemessen an den Zeiträumen der Evolution, brandneu sind, weiß die uralte Weisheit unserer Körper gar nicht so richtig, wie sie mit ihnen umgehen soll. Unsere Immunsysteme sind mit dem konstanten Zustrom mikroskopischer invasiver Fremdkörper überfordert. Unter dieser permanenten Belagerung durch Giftstoffe versagen unsere Immunkräfte an anderen Stellen, und wir entwickeln Nahrungsmittelunverträglichkeiten und Allergien gegen natürliche Stoffe, die zuvor nie ein Problem waren. Wie unsere Schwestern und Brüder im Tier- und im Pflanzenreich stehen wir unter Dauerbeschuss durch das ganze Spektrum an Schadstoffen sowie den – weitgehend unbekannten – biochemischen Wechselwirkungen zwischen ihnen.

In der bisherigen Medienberichterstattung über den globalen Kunststoff-Tsunami lesen oder hören wir oft, dass »wenig bekannt ist« über die gesundheitlichen Auswirkungen der verschiedenen Mikrokunststoffe und chemischen Gifte, die in den Organismus gelangen. Bestenfalls hören wir, dass sich bestimmte Stoffe »im Fettgewebe ansammeln«. Na, das klingt doch ganz friedlich! Vielleicht können unsere Körper ja tolerieren, dass die Gifte in den Fettdepots herumhängen? Und die Mengen, die man in Urin- und Stuhlproben ■ findet, sind ja auch ein gutes Zeichen, oder? Es scheint doch, dass der Körper mit dem Zeug fertig wird. Es gibt aber drei wesentliche Punkte, die wir nicht übersehen sollten:

- Wir kennen die Proportion nicht, wie viel der Körper auszuscheiden vermag und wie viel nicht.
- Wir haben keine Vorstellung, wie viel Energie es den Körper kostet, die Giftstoffe erst mit den Mitteln des Immunsystems anzugehen und dann schließlich durch Lymphsystem, Leber, Niere und Darm zu schleusen. Sicher ist, dass es das Immunsystem hochgradig fordert.
- Außerdem gibt es bestimmte Stoffe, die nach ihrer Verarbeitung in der Leber zum Darm kommen, dort aber – nachdem sie einige unserer verbündeten Bakterienstämme stark irritiert

haben – über die Darm-Blut-Schranke in die Pfortader gelangen, die sie wieder zur Leber zurückführt. Sie können im sogenannten entero-hepatischen Kreislauf gefangen bleiben.

Zu sagen, dass über Mikrokunststoffe und andere Nano-Schadstoffe im Körper nichts bekannt ist, ist nicht ganz richtig. Seit einiger Zeit arbeiten einige medizinischen Labore mit Massenspektrometrie, einem Verfahren zum Messen der Masse von Molekülen, das eigentlich aus der Physik kommt. Für die Untersuchung von Blutplasma bieten sie an, damit die *mitochondriale DNA aus Leukozyten* zu analysieren. Zur Erinnerung: Leukozyten ■ sind die weißen Blutkörperchen, ein wichtiger Teil unseres Immunsystems. Die Mitochondrien sind die kleinen »Kraftwerke« in jeder Zelle, die sie – und damit uns – mit Energie versorgen (siehe S. 37).

Untersucht wird auf Schwermetalle ■ wie Blei, Quecksilber und Cadmium sowie auf Chemikalien ■ wie Methylacrylat, Phtalate und Dichlorphenol. Solch eine Liste von Schadstoffen überrascht uns ja nicht mehr, aber das böse Erwachen folgt bezüglich ihrer Verortung: Man findet diese Einzelmoleküle verschiedenster Stoffe *an die Basenpaare der DNA angedockt*. Die sollten eigentlich ganz frei sein. Wenn die Zelle neue Proteine braucht (quasi ständig), sendet sie Botenstoffe zur DNA, um die Baupläne abzurufen. Dazu docken die Boten an die offenen Enden der DNA-Basenpaare an (wie wenn wir einen USB-Stick in einen Computer stecken, um Informationen zu kopieren und mitzunehmen). Wenn die Kontaktstellen nun besetzt sind, folgen daraus schwerwiegende Probleme. Zur Bedeutung der mitochondrialen DNA sagt der Hamburger Präventionsmediziner, Dr. med. Frank Borower:

»DNA muss abgelesen werden. Manche Gene werden sowieso gesperrt (das ist Epigenetik), aber nun funken auch Chemikalien dazwischen. Die mitonchondriale DNA ist leichter zugänglich und viel verletzlicher gegenüber solchen Eindringlingen. *Sie ist aber sehr bedeutend, weil hier über Dinge wie Zellwachstum und*

Zellteilung entschieden wird. Über die mitonchondriale DNA wird auch die *Apoptose* eingeleitet, das ist sozusagen das ›Selbst-mordprogramm‹ einer Zelle, damit sie sich zum Ende ihres Daseins geregelt herunterfährt, abstellt und entsorgt – durch eine geordnete Implosion sozusagen, anstatt einfach durch Zerreißen ihren Zellinhalt auszuschütten und damit das Immun-system unnötig zu belasten oder gar Autoimmunreaktionen auszulösen. Selbstabbau von Zellen findet ständig statt, genauso wie die Erneuerung durch Zellteilung.

Der Zellabbau funktioniert nicht mehr, wenn die Mitochondrien nicht mehr richtig funktionieren. Dann kann sich die Zelle nicht mehr adäquat aus dem Gewebeverband verabschieden. Bei ge-schwächten Mitochondrien fehlt es einer sterbenden Zelle an genügend Energie für diesen Selbstabbau. Ohne Apoptose wird die Zelle im Grunde genommen ›unsterblich‹. Und so entsteht dann eine Tumorzelle. Das wird also auch mitochondrial geschal-tet. Daher sind viele Krebserkrankungen sicherlich Mitwelterkran-kungen.«■

Die Massenspektrometrie-Ergebnisse sind doppelt dramatisch: Nicht nur erfahren wir, dass die DNA an unterschiedlichsten Stellen blockiert ist, sondern sie zeigen auch, dass *gerade* das Immunsystem, das ohnehin schon alle Hände voll zu tun hat, zusätzlich von innen heraus geschwächt wird. Zur Breitband-attacke durch Schadstoffe noch einmal Dr. Borower:

»Unser Körper muss mit seinen Systemen alles mögliche ver-suchen, um damit klarzukommen, v.a. das Entgiftungssystem, das dafür zweckentfremdet wird. Denn körpereigene Gifte ent-stehen ohnehin ständig – so hat sich unser Entgiftungssystem ja auch evolutionsbiologisch entwickelt. Das wird jetzt aber zweckentfremdet für eine Menge anderer Substanzen. Trotz-dem bleiben immer noch die körpereigenen Gifte, die eben-falls entsorgt werden müssen. Und das Immunsystem wird oft massiv irritiert, wenn es anfängt, sich mit diesen Umweltgiften

auseinanderzusetzen, als seien es ganz normale Krankheitserreger. Denn Krankheitserreger teilen und vermehren sich in der
Regel, und können dadurch bekämpft werden, dass ihr Wachstum begrenzt und eingehegt wird. Bei Schadstoffen ist das etwas
anderes, die vermehren sich ja nicht, und das Immunsystem
setzt – fehlerhaft – dazu an, das Problem immunitär lösen zu
wollen. Aber das funktioniert nicht. Im Gegenteil, es verbraucht
enorm viel Energie, es verbraucht sehr, sehr viel ATP [Adenosin-
triphosphat, die Energie-›Währung‹ des Körpers]. Diese fehlgelei-
tete Immunantwort ist wahrscheinlich auch eine Ursache für die
vielen Erschöpfungssymptome heutzutage.«

Wir können wohl mit Sicherheit annehmen, dass diese grundlegende Schwächung des Immunsystems durch die Verklebung
der DNA einen hohen Preis fordert, den nicht nur Menschen
bezahlen müssen, sondern alle Lebewesen. Möglicherweise sind
dies alles »Symptome« einer weltweiten DNA-Mikro-Kontami-
nation.

Was kann ich tun?

- So gesund wie möglich leben: gutes Essen, gute Luft, gutes Wasser.
- Ehren Sie Ihren Darm. Seien Sie Ihrem Mikrobiom dankbar. Es hält Sie am
  Leben.
- Lassen Sie uns zusammen Wege finden, wie wir auch unsere Tier- und Pflan-
  zengefährten wieder heilen können. Jeder Organismus hat ein Recht auf ein
  gesundes Leben!

Shanti (10)

11. Überbevölkerung

Die Größe der Weltbevölkerung und ihr aktuelles Wachstums-
tempo tragen wesentlich zum Verlust von Lebensraum und Artenvielfalt bei. Dabei ist die Überbevölkerung *nicht nur eine Ursache*
(wie die anderen Faktoren der HIPPO-Formel), sondern ein *wesentlicher Treiber und Multiplikator für alle ökologischen Probleme*. Die
menschliche Expansion ■ geht weiter, das Maß der Gewinnung
von »Ressourcen«, der Landnahme, Vergiftung, Abfallproduktion
und CO_2-Emissionen nimmt stetig zu. Und je mehr Menschen
sich dem Rennen anschließen, desto größer ist sowohl der Anspruch an die natürliche Welt wie auch das Müllaufkommen.

Um den Zusammenhang zwischen den verschiedenen Faktoren
zu verdeutlichen, entwickelte der renommierte Stanford-Professor
Paul Ehrlich die berühmte IPAT-Formel: *Impact = Population x
Affluence x Technology* (Auswirkung = Bevölkerung x Wohlstand
x Technologie).

Unsere Auswirkung auf die Biosphäre ist das Ergebnis von drei
Schlüsselfaktoren: (Über-)Konsum und Abfallproduktion einer   93

Gesellschaft steigen mit ihrem Wohlstand; dieser multipliziert sich mit der Stufe der Technik; und diese wiederum mit der Bevölkerungsgröße.

Technologie kann in beide Richtungen funktionieren. Sie kann die Nutzung von Energie und Rohstoffen effizienter gestalten und neue, nachhaltigere Technologien (z.B. Solarenergie) schaffen. Aber sie hilft auch, die Schätze der Erde schneller und billiger zu gewinnen, was wiederum die Nachfrage erhöht, ihre Knappheit verdeckt und so die Überbeanspruchung fördert und die Erschöpfung beschleunigt. ■

Die Menschheit erreichte ihre erste Milliarde um 1804, ihre zweite Milliarde 1927, etwa 1975 hatte sie sich wieder verdoppelt, und wir sind auf dem Weg zu einer dritten Verdoppelung bis 2023. ■

1 Milliarde	2	4	8
1804	1927	1975	2023

Bitte beachten Sie, dass die Länge der Intervalle die *Geschwindigkeit* oder Wachstumsrate widerspiegelt. In der Tat hat sie sich seit dem späten 20. Jh. verlangsamt, was die Menschen dazu veranlasste, sich weniger Sorgen um das Bevölkerungswachstum zu machen; schließlich sanken ja »die Raten«. Aber was sich verringert hat, ist nur die Geschwindigkeit; es kommen immer noch jedes Jahr über 80 Millionen Menschen hinzu. Daraus errechnet sich zwar eine immer geringer werdende Wachstums*rate*, aber die *absoluten* Zahlen steigen immer noch.

Der Schlüssel zur Stabilisierung (und schließlich zum Rückgang) der Weltbevölkerung liegt darin, gezielt *Frauen zu stärken, Mädchen auszubilden und Familienplanungsinstrumente und -informationen allgemein zugänglich zu machen.* »Wenn Gesellschaften diese drei Säulen des bürgerschaftlichen Engagements im Rahmen der universellen Menschenrechte betonen, sinken

Das große Tabu

Warum die öffentliche Diskussion zur Überbevölkerung in den 1990ern verstummt ist:

- In den frühen 1970ern prognostizierten einige Wissenschaftler massive Hungersnöte, weil das Bevölkerungswachstum die Nahrungsversorgung zu übertreffen begann. Diese Vorhersagen erfüllten sich zum Glück nicht, vor allem aufgrund der »grünen Revolution«, die die Nahrungsmittelproduktion durch neue Pflanzensorten und neue (Öl-)Agrartechnologien erhöhte. Der Erfolg der industrialisierten Landwirtschaft stellte den Begriff der »Tragfähigkeit« der Erde in Frage und führte zu dem Glauben, dass die Bevölkerungsdichte nicht durch natürliche Grenzen begrenzt sei oder ihnen zumindest durch neue Technologien trotzen könne.

- Die neue Ära des Glaubens an die Technik und menschliche Überlegenheit fiel mit dem Ende des Kalten Krieges 1989 zusammen, als der Zusammenbruch des Kommunismus das Selbstvertrauen unter den neoliberalen Kräften in der freien Marktwirtschaft enorm erhöhte. Mit der Gründung der Welthandelsorganisation (WTO) 1994 und dem Beginn der Globalisierung begann sich die *soziale* Marktwirtschaft in einen unregulierten und arroganten Hyperkapitalismus zu verwandeln. Seitdem ist die neue Ideologie und das allgegenwärtige Mantra »Wachstum«. Und das Wachstum von Märkten und Gewinnen erfordert auch eine wachsende Konsumentenbasis.

- Die politische Linke steht seltsamerweise in Sachen Bevölkerungswachstum auf derselben Seite wie das Großkapital. Da die Industrieländer am meisten getan haben, um die Biosphäre und das Klima zu ruinieren, behauptete die Linke, dass die Wurzel der Umweltprobleme das Konsumverhalten der Reichen sei, nicht die wachsende Zahl der Armen. Diese Anschuldigung ist durchaus angebracht, aber das Argument hat in der politischen Diskussion einen Antagonismus hervorgerufen, der heute überholt ist: Den reichen globalen Norden und den armen Süden gibt es nicht mehr, da die Schwellenländer (China, Indien, Südamerika) große Mittelschichten gebildet haben. Und andererseits breitet sich Armut in den verblassenden Demokratien des westlichen Hyperkapitalismus schnell aus. Wir müssen beides überall in Angriff nehmen: Überbevölkerung *und* Überkonsum.

- Andere Stimmen, die das Thema Bevölkerungswachstum zu einem ernsten Tabu machen, stammen aus dem anthropozentrischen Humanismus. Da bei Bevölkerungsplanung die Gefahr besteht, in Zwangsmaßnahmen, Unterdrückung grundlegender Menschenrechte sowie eine kolonialistische Haltung gegenüber der Dritten Welt abzurutschen, wird behauptet, dass sie eine No-Go-Zone ist. ■ Jedoch ist die Annahme falsch, dass Bevölkerungsplanung nicht im Einklang mit den Menschenrechten geschehen könnte (siehe Haupttext). ■ Außerdem leugnet sie die Tatsache, dass der Bevölkerungsdruck längst zu *grundlegend unmenschlichen* Folterungen, Störungen und Auslöschungen anderer Arten führt. ■ *Ein wahrer Humanismus umfasst alle Lebewesen.* ■ Und selbst eine stark anthropozentrische Haltung zum Humanismus sollte sich fragen: Was soll daran human sein, eine übermäßig vergrößerte Menschheit in den Abgrund laufen zu lassen, in eine Zukunft ohne Trinkwasser, genügend Nahrung oder ein günstiges Klima. **Es gibt keine Gerechtigkeit auf einem *toten* Planeten.**

• Auch Grüne Parteien und Umweltorganisationen meiden das Thema, aus Angst, nicht »politisch korrekt« zu sein. Selbst der World Wildlife Fund (WWF), Greenpeace und Friends of the Earth vermeiden es tunlichst, die Themen Bevölkerung und Migration zu berühren. Indem wir es jedoch nicht verantwortungsbewusst, ethisch und human angehen, überlassen wir das Feld Rechtspopulisten – die in der Regel auch den »Klimawandel« leugnen (ohne logische Begründung). Das Tabu ist so tief verwurzelt, dass selbst ein Journalist des *Spiegel* in einem Rückblick auf das ausgehende Jahr 2018 von »zynischen Überbevölkerungsapokalyptikern« spricht. ■ In Wirklichkeit können alle Ängste über dieses Thema leicht im Lichte von Fakten und Zahlen (von der UNO, der FAO und vielen wissenschaftlichen Studien) zerstreut werden. Die guten Nachrichten: Es gibt eine *humane, ökologisch nachhaltige – und sogar politisch korrekte* – Art, das Bevölkerungsproblem anzugehen.

die Geburtenraten in der Regel schnell«, sagen der Naturschützer Tom Butler und die Menschenrechtsaktivistin Musimbi Kanyoro. ■ Eine im April 2017 im Fachblatt *Science* veröffentlichte Studie bestätigt, dass »überall dort, wo menschenrechtsfördernde Maßnahmen zur Senkung der Geburtenraten umgesetzt wurden, die Geburtenraten innerhalb von ein oder zwei Generationen gesunken sind«. ■ Diese Maßnahmen umfassen:

- Priorisierung der allgemeinen Bildung von Mädchen und Frauen,
- prominenter öffentlicher Diskurs zu diesem Thema,
- Einrichtung zugänglicher und erschwinglicher Familienplanungsdienste,
- Bereitstellung moderner Verhütungsmethoden,
- Bereitstellung einer Beratung für Paare,
- Beseitigung staatlicher Anreize für Großfamilien,
- die Pflicht zur Sexualerziehung in den Lehrplänen der Schulen,
- eine breite Gesundheitsversorgung, insbesondere…
- …bei der Geburt, für Babys und Kinder. ■

Leala (8)

Alle Punkte rund um die Familienplanung sind *beratender Natur, alle Entscheidungen liegen bei den Frauen und/oder Paaren*. Druck tritt auf der anderen Seite auf: soziale Normen und Ethik, Missbilligung von Partnern, patriarchalische Gewalt, religiöse pro-natalistische (geburtsfördernde) Werte. All dies kann bis hin zu Erpressung und körperlicher Gewalt gegen Mädchen und Frauen gehen.

Der wichtigste Punkt in der obigen Liste ist die **Ausbildung von Frauen**. »Wo immer Frauen erzieherisch, kulturell, wirtschaftlich, politisch und rechtlich befähigt werden, sinken die Geburtenraten.« Studien haben gezeigt, dass »die Zahl der Schuljahre eines Mädchens oder einer Frau sich umgekehrt verhält zu der Zahl der Kinder, die sie haben wird«. ■ Eine markante Statistik aus Afrika zeigt, dass afrikanische Frauen ohne Bildung durchschnittlich **5,4** Kinder haben; Frauen, die die Grundschule abgeschlossen haben, ein Kind weniger (**4,3**); diejenigen, die eine weiterführende Schule besucht haben **2,7**; und diejenigen, die zur Hochschule gehen **2,2**. Sobald auch andere grundlegende Menschenrechte für Frauen erreicht sind, sinkt die durchschnittliche Geburtenrate schnell auf oder unter **2,1** – was der generelle statistische Wert ist, um Sterbefälle auszugleichen und eine Bevölkerung auf einem bestimmten Niveau zu halten. **Die globale Lösung besteht darin, eine vollständige Gleichberechtigung der Geschlechter zu erreichen.** Punkt. ■

Wir leben in einer Welt, in der diese Frauen, die durchschnittlich mehr als fünf Kinder haben, aufgrund der Kindersterblichkeit acht oder neun Kinder zur Welt bringen. Nicht wenige Mädchen haben ihr erstes Kind mit 12 Jahren, und wenn sie 18 sind, sind sie bereits zum dritten Mal schwanger. Dennoch setzt sich die katholische Kirche gegen Verhütung ein, und der Islam bevorzugt oft junge Bräute und große Familien. Diese religiösen Ansichten werden von konservativen Politikern in den jeweiligen Ländern geteilt. Die Geburtenraten sind weitgehend auf soziale Normen zurückzuführen. *Aber soziale Normen können sich ändern.*

Auch für die Hilfe bei ungewollten Schwangerschaften sind Familienplanungszentren von entscheidender Bedeutung. ■ In den USA ist die Hälfte der Schwangerschaften ungewollt, in Europa 45 % und in Afrika 35 %. ■ Wenn das so weitergeht, wird es

Myla (6)

2050 laut UN-Prognosen 9,7 Mrd. Menschen geben, und etwa 11 Mrd. gegen Ende des Jahrhunderts – und das ist die optimistische Berechnung, es könnten bis 2100 auch 16 Mrd. werden.■

Um das erwartete Bevölkerungswachstum zu bewältigen, wird geschätzt, dass die Nahrungsmittelproduktion bis 2050 um etwa 70 % steigen muss. Ist das überhaupt möglich? Das derzeitige globale Ernährungssystem ist ökologisch völlig unhaltbar und nähert sich ohnehin seinem Zusammenbruch (siehe S. 79 und 109). Darüber hinaus wird die globale Erhitzung Ernten verschlechtern oder sogar vernichten.■ Dieses Jahr können wir noch 8 Mrd. Menschen ernähren, aber können wir das auch nächstes Jahr noch? Oder in zehn Jahren?

Trinkwasserknappheit ist ein weiteres Riesenproblem, das sich schnell verschärft. Die UN erwartet,■ dass durch Wasserstress bis zu 700 Mio. Menschen heimatlos werden können. »Wasserknappheit wird hauptsächlich durch Bevölkerungs- und Wirtschaftswachstum verursacht und durch den Klimawandel verschärft und gilt als einer der Hauptreiber für bewaffnete Konflikte, insbesondere in Afrika.«■ ■

Trotz des uneingeschränkten Glaubens an die Technik und an endloses Wachstum ist die **Tragfähigkeit** eines jeden Gebietes wie auch des Planeten als ganzem immer noch eine Realität und ein Gesetz Gaias. Wenn Löwen zu viele Gazellen essen, muss auch ihre Zahl schrumpfen. Ökologisch arme Regionen, anfällig für Dürren und extreme Witterungen, wie etwa die Sahelzone oder das Horn von Afrika, können nicht so viele Menschen ernähren wie reichere Böden an anderen Orten.■ Aber die Industrienationen leben in ganz anderem Maßstab über ihre Verhältnisse: Wenn 7 Mrd. Menschen mit einem ähnlichen Gesamtverbrauch (Nahrung, Kleidung, Wasser, Energie usw.) wie in Frankreich oder Großbritannien leben wollten, bräuchten sie *zweieinhalb Planeten*, der American Way of Life würde gar vier erfordern! Wenn wir also sagen, dass wir soziale Gerechtigkeit und europäische Lebensstandards für alle Menschen wollen, dann wäre die natürliche Grenze dafür eine Bevölkerungsgröße von 2,8 Mrd. Menschen – aber das wäre immer noch die *maximale* Belastung für die Ökosysteme, also halbieren wir das lieber: 1,4. Tatsächlich sagen die Ökologen, die dies aus verschiedenen Blickwinkeln untersucht haben, dass eine *Weltbevölkerung von 1 bis 2 Mrd. Menschen die wirklich nachhaltige Grenze für einen glücklichen Planeten mit glücklichen Menschen sei.* ■

Erlauben Sie mir die Analogie eines Fahrstuhls. In solchen befindet sich meist eine Metalltafel mit einem Text wie: »Dieser Aufzug ist für 15 Personen zugelassen. Ein Gesamtgewicht von x Kilogramm darf nicht überschritten werden.« Was wir jedoch mit der Tragfähigkeit der Erde machen, ist, dass wir fünfmal so viele Menschen transportieren. Würden Sie einen Aufzug besteigen, der für 15 Personen zugelassen ist, in den sich aber bereits 75 Leute quetschen?

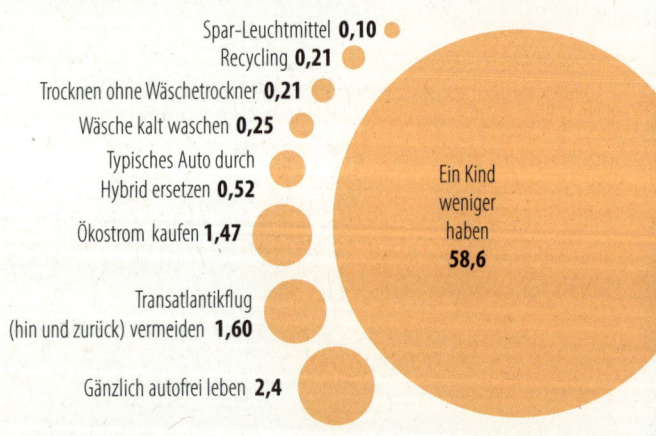

Spar-Leuchtmittel **0,10**
Recycling **0,21**
Trocknen ohne Wäschetrockner **0,21**
Wäsche kalt waschen **0,25**
Typisches Auto durch Hybrid ersetzen **0,52**
Ökostrom kaufen **1,47**
Transatlantikflug (hin und zurück) vermeiden **1,60**
Gänzlich autofrei leben **2,4**

Ein Kind weniger haben **58,6**

Abb. 3: Ein Kind weniger zu haben spart 58,6 Tonnen CO$_2$ pro Jahr. ■
Im Juli 2017 veröffentlichte *The Guardian* ein Diagramm, das den CO$_2$-Fußabdruck unserer Lebensweise mit dem unserer bloßen Existenz vergleicht.

Was kann ich tun?

- Schauen Sie **niemals** mit Missbilligung oder urteilend auf eine Mutter, ein Kind oder eine Familie. Über Politik zu reden ist eine Sache, echte Menschen im Leben zu treffen, eine andere. Wir können über Zahlen und ihre globalen Auswirkungen diskutieren, aber die Begegnung mit einer anderen Seele erfordert gegenseitigen Respekt und Mitgefühl (mit Ausnahme von gefährlichen Psychopathen, in dem Fall: Weg da!). *Jeder Mensch, der bereits auf die Erde gekommen ist, hat genauso viel Recht, hier zu sein, wie Sie.*

- Farbunterschiede der Haut, Augen, Haare, Smartphone-Tasche oder Screensaver haben keinerlei Bedeutung. (Es sei denn, jemand hat einen Sonnenbrand, dann gib ihnen Aloe Vera-Gel.)

- Üben Sie Empathie – für Wale, für Bäume, für Menschen, für alle Lebewesen.

- Schauen Sie die Solidaritätserklärung von www.350.org an. ◼

- »Wir müssen jetzt Empathie mit denen haben, die leiden, denn sehr bald wird es uns allen ähnlich gehen, wenn wir den Kurs nicht ändern.« (Mary Robinson) ◼

- Um Ihr emotionales Selbst zu überprüfen, schauen Sie mal dieses Musikvideo auf YouTube an: *Delta Moon – Refugee (Lyric Video)* ◼ Wenn Sie diese Bilder nicht irgendwann zu Tränen rühren, muss ihr Herz wohl verschlossen sein, und Sie sollten einen Therapeuten aufsuchen.

Migration

»Flüchtlinge und Wirtschaftsmigranten [...] sind die direkte Folge von Überbevölkerung, Ökosystem-Zusammenbruch, Klimawandel, Militarismus und Ungleichheit. Massenmigration hat das Potential, ganze Gesellschaften und die menschliche Zivilisation zu überrennen und droht sogar, die Biosphäre zu zerstören. Die Migration muss kontrolliert werden, und Flüchtlinge und Wirtschaftsmigranten müssen dabei unterstützt werden, zu einer produktiven, nachhaltigen Landnutzung zurückzukehren, die so nah wie möglich an ihrem Herkunftsort liegt«, sagt Dr. Glen Barry,

101

der die Website für ökologische Nachhaltigkeit EcoInternet initiiert hat.■ Mehr Menschen als je zuvor sind unterwegs. Aber bisher haben viele Mainstream-Medien den Klimaaspekt von regionalen Dramen heruntergespielt. Ein Paradebeispiel ist Syrien. Es gibt den Krieg und die IS, natürlich. Aber das Vorspiel der Katastrophe war zunehmende Wasserknappheit in einem ohnehin schon recht trockenen Land, in dem sich die Bevölkerung in den drei Jahrzehnten vor 2015 verdoppelt hatte. Wiederholte Dürren entzündeten dann das Pulverfass.■

Als die große Migranten-Karawane aus Guatemala, Honduras und El Salvador im Oktober 2018 auf die US-mexikanische Grenze zusteuerte, berichteten die Medien, dass Gewalt und Armut in ihren Heimatländern der Grund dafür seien. Was die meisten Berichte nicht sagen, ist, dass die Bauern arm wurden und nur deshalb in gewalttätigen Slums landeten, weil ihre Ernten aufgrund der globalen Erhitzung immer wieder ausfielen. ■ Wenn die Regenwaldvernichtung in Brasilien so weitergeht wie in den letzten 40 Jahren, wird befürchtet, dass dieses Ökosystem bis 2040 seinen Kipppunkt erreicht und zusammenbricht. Bereits jetzt sind die Niederschlagsmengen im westlichen Amazonas stark zurückgegangen, was auf ein Wackeln des Systems hinweist. Mit dem Tod des Amazonas wird ein ganzer Kontinent innerhalb von nur vier Jahren sein Wasser verlieren und unfruchtbar werden. Auch Afrika trocknet aus, und die Bevölkerung wird wohl weiterhin sehr stark zunehmen.■

Migration wird noch einige Zeit ein großes Thema bleiben. Im Jahr 2011 trug die Netto-Migration 68% zum Bevölkerungswachstum in Europa bei. ■ Leider trägt die Einwanderung aus ärmeren in reichere Länder ■ auch zu deren dürftigen Bilanzen im Naturschutz bei. Wachsende Länder haben mehr Mühe, die Ziele zur Verringerung ihrer globalen Fußabdrücke zu erreichen. In Deutschland z.B. korreliert die Nettozuwanderung von 3 Mio. Menschen zwischen 2012 und 2016■ damit, dass das Land seine

Umweltziele deutlich verfehlt. Anstatt die Zersiedelung zu reduzieren, ist sie um 63 Hektar pro Tag gewachsen. ■ *Wir müssen uns bewusst sein, dass ein Land, wenn es Einwanderer in großem Umfang aufnehmen will, seine Umwelt- und Klimaanstrengungen mindestens verdoppeln muss.* ■

Etwas anderes ist die gegenwärtige Bevölkerungsdichte einzelner Länder (in Menschen pro qkm): Australien 3,1, Kanada 3,6, USA 33, Frankreich 116, China 144, Deutschland 232, Großbritannien 268. ■

Ein ganz neuer Ansatz wird von dem Umweltschützer Colin Hines vorgestellt. »Progressiver Protektionismus« ■ als grünes Argument für Grenzkontrolle: Es geht darum, »nicht nur die Migration, sondern auch den freien Waren-, Dienstleistungs- und Kapitalverkehr einzuschränken, wo er Umwelt, Wohlergehen und sozialen Zusammenhalt bedroht« (*The Ecologist*). ■ Dies muss aber wirklich Hand in Hand gehen mit einer neuen Ära der Regulierung der Banken und des Handels (weshalb Industrie und Regierungen diese Fragen vermeiden und die Einwanderung als *rein soziale* Angelegenheit darstellen wollen). Eine Stärkung der Betriebe vor Ort stellt die Menschen über die Konzerne und verringert außerdem den ökologischen Fußabdruck des Güterfernverkehrs enorm.

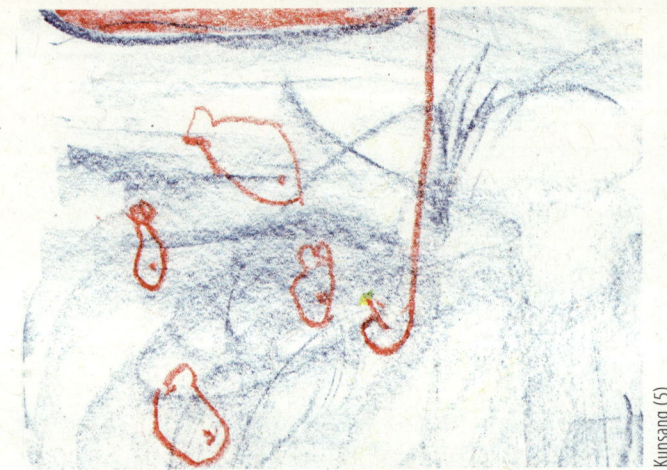

Kunsang (5)

12. Überkonsum

>>Wir haben uns in der Tat eine Welt voller Ressourcen geschaffen, indem wir die lebende Erde verwirkt haben.<< Eileen Crist ◼

Menschen essen andere Lebewesen. Das ist nicht unnatürlich. Menschen sind Tiere, und alle Tiere essen andere Tiere oder Pflanzen. Ökologisch gesehen gibt es *autotrophe* Wesen wie Pflanzen und Algen, die ihre eigene Nahrung durch Photosynthese herstellen, und es gibt *heterotrophe* wie Menschen und andere Tiere, die Autotrophe oder andere Heterotrophe oder beide essen. Eine dritte Gruppe sind die *Detrivoren*, etwa bestimmte Pilze und Bakterien, die abgestorbenes organisches Material abbauen und damit die Nährstoffe für die erste Gruppe wieder freisetzen.

Das Problem heute ist die schiere Zahl der Menschen und ihre unausgewogene Ernährung, die oft mehr als nötig verlangt. Die Ernährung von Massen erfordert eine Massenproduktion. Das Töten für Nahrung ist zu einem großen Industriezweig geworden.

300 Säugetierarten werden bis zum Aussterben gejagt und vertilgt, die Ozeane werden massiv überfischt und die Agroindustrie verlangt immer mehr Land von der Wildnis. Eine Studie von 2016 ergab, dass von den bedrohten Arten auf der Roten Liste der IUCN 72% von eben diesen Umständen betroffen sind – Abholzung, übermäßige Bejagung, Überfischung. Für die Artenvielfalt sind Landwirtschaft und Überkonsum eine größere Bedrohung als die Klimazerrüttung ◼ (obwohl diese schnell aufholt). Der Abbau von Mineralien und Metallerzen hat ebenfalls verheerende Folgen. ◼ Der galoppierende menschliche Verbrauch der Lebenswelt ◼ erschöpft den Artenreichtum.

Wasser

Die Erde ist von Wasser bedeckt. Aber 97% sind salzig, 2% sind in Eis und Gletschern eingeschlossen, und ein wenig existiert als Feuchtigkeit in der Atmosphäre. Für alle Lebewesen in der Biosphäre steht weniger als ein Prozent zur Verfügung. Wasser ist für lebende Organismen so wichtig, dass der Gaia-Pionier V. I. Vernadsky Lebewesen »belebtes Wasser« nannte. ◼ Wasser ist kostbar.

Über Jahrtausende haben die Menschen mit einem bescheidenen ökologischen Fußabdruck gelebt, ihr Wasserverbrauch wurde durch natürliche Zyklen von Verdunstung und Regen erhalten. Aber seit dem Industriezeitalter und der Bevölkerungsexplosion ist der ständig steigende Wasserbedarf der Fabriken und Agroindustrie in den meisten Teilen der Welt zu groß für den natürlichen Wasserkreislauf. Oft sind die Länder mit den höchsten Geburtsraten auch die trockensten. In dieser Situation ist die Verseuchung von Wasser mit Pestiziden, Nitratdünger, Radioaktivität, Chemikalien, Kunststoffen, Benzin, Ölleckagen usw. der Gipfel des Wahnsinns. Noch abartiger: Weltkonzerne kaufen Trinkwasserrechte in ärmeren Ländern für die Herstellung von Soft Drinks (die aufgrund ihres hohen Zuckergehalts weltweit Fettleibigkeit verursachen und das Diabetesrisiko erhöhen).

Um einen Liter Coca-Cola zu produzieren, benötigt man vier Liter sauberes Wasser.■

Schon jetzt leben »rund 1,4 Mrd. Menschen (!) in Gebieten, in denen das Grundwasser schneller entnommen wird, als es sich wieder regeneriert«.■ Die UN erwartet, dass bereits 2030 *fast die Hälfte der Weltbevölkerung* in Gebieten mit hohem Wasserstress leben wird.■

Was kann ich tun?

- Vermeiden Sie Produkte, die eine hohe Belastung für Regenwald oder Wasser darstellen.
- Überprüfen Sie Ihren eigenen Wasserverbrauch-Fußabdruck.■
- Sehen Sie diese kleinen Info-Videos zum Überkonsum an, am besten mit Kindern: storyofstuff.org/movies■

Fischerei

In vielen Ländern ist Fisch die wichtigste Quelle für Proteine und lebenswichtige Nährstoffe. Allerdings steigt der Appetit auf Fisch in den entwickelten Ländern, und seit einiger Zeit kann ihr Bedarf nicht mehr durch Fischbestände in eigenen Gewässern gedeckt werden. Große Flotten von schwimmenden Fischfabriken, die die Gewässer der Entwicklungsländer durchkämmen, haben die Situation völlig verändert: Industriell gefangener Fisch ist zu einer globalen Handelsware geworden und wird nicht mehr in den Ländern gegessen, vor denen er gefangen wurde – was auch wieder erheblich zum ölfressenden Fernverkehr und zur Klimazerstörung beiträgt. Andererseits sind die kleinen Fischereien, die traditionell Meeresfrüchte an ländliche Küstengemeinden liefern, gezwungen, mit den exportorientierten Industrieflotten mitzuhalten, und zwar ohne große Unterstützung ihrer Regierungen (z. B. in Afrika, aber auch in Cornwall).

In den Weltmeeren sind 93 % der Fischbestände »voll befischt« oder bereits überfischt.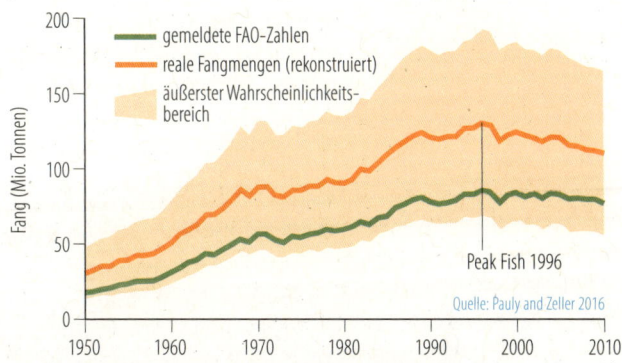 Die FAO (Food and Agriculture Organization of the United Nations) ist die Behörde, die die Befischung regulieren soll. Aber es hat sich 2016 gezeigt, dass die FAO – die die Mengen an Beifang und nicht gemeldeten Fängen ohnehin nie mitberechnet hat – die Gesamtmengen des Fischfangs erheblich unterschätzt. Schließlich kann die FAO nur berichten, was die Mitgliedsstaaten ihr sagen. Es zeigte sich, dass die realen Fänge insgesamt 53 % höher sind als die gemeldeten Daten!

Abb. 4: Gemeldete und rekonstruierte Hochseefischfänge 1950–2010

Um die Dinge schneller zu verschlimmern, schleicht die WTO immer noch um den heißen Brei herum, die Fangprämien endlich umzustrukturieren. Die von den Regierungen an die Fischwirtschaft gezahlten Subventionen belaufen sich auf rund 35 Mrd. USD pro Jahr, davon 20 Mrd. als Kraftstoffzuschüsse und Steuerbefreiungsprogramme, die v. a. den großen Flotten zugute kommen – wo doch gerade sie die ökologischen Schäden anrichten.

Und was die Fischzucht betrifft: Fische sind bewusste, fühlende Wesen, sie haben sowohl ein Gedächtnis als auch die Fähigkeit zu leiden. Auch Fische haben Gefühle, und wir müssen sie in unseren moralischen Kreis aufnehmen. ■

Was kann ich tun?

- Kaufen Sie nur Fischprodukte, die wenigstens delphinfreundlich sind. Es gibt auch das MSC-Siegel.
- Wenn Sie den eigenen Fischverzehr reduzieren möchten, müssen Sie darauf achten, Ihrem Körper genügend Omega-Fettsäuren und Vitamin D zuzuführen, besonders, wenn Sie in einem gemäßigten oder gar nördlichen Land mit wenig Sonnenlicht leben.

Agroindustrie

Neben der chemischen Verseuchung geht auch die schwerwiegende **Bodendegradation** auf das Konto der Agroindustrie. Der *Guardian*-Kolumnist George Monbiot beklagt die Abwesenheit des Themas Bodengesundheit in den Medien und erinnert daran, dass »alles menschliche Leben vom Boden abhängt«. Das wusste man schon vor langer Zeit, wie ein Sanskrit-Text, der etwa 1500 v. Ztr. geschrieben wurde, vermerkt: »Von dieser Handvoll Erde hängt unser Überleben ab. Hüte sie, und sie wird uns Nahrung, Brennholz und Schutz wachsen lassen und uns mit Schönheit umgeben. Missbrauche sie, und der Boden wird zusammenbrechen und sterben und die Menschheit mitnehmen.«■

Der andere Grund der Bodenverschlechterung ist mechanisch: Die Bodenverdichtung durch (super-)schwere Maschinen zerquetscht nicht nur süße und wichtige Regenwürmer und Käfer, sondern drückt den Sauerstoff aus dem Boden und verändert seine Chemie. Und noch schlimmer (zumindest in Nordwesteuropa): Es wird keine Winterbodenbedeckung mehr ausgesät, die Winterwinde und Niederschläge tragen den Oberboden weg, was zur Erosion der Felder, verschlammten Flussbetten und flussabwärts zu Überschwemmungen führt. Besonders schlimm ist dies in Gebieten mit Maisanbau. Weil Mais so gefragt ist bei Biogaskraftwerken, bauen viele Regionen in Europa keine Lebensmittel mehr an, sondern bis zu 70% Mais. Ein einzelnes Maisfeld kann 10–20 t Boden pro Jahr verlieren. Diese Böden werden bald tot sein. ■

In den letzten 100 Jahren hat die Agroindustrie die Bodenerosion um das *Sechzigfache* erhöht. Bereits im Januar 2014 hat die UN bekanntgegeben, dass *ein Drittel der Böden der Welt tot* und damit für die Landwirtschaft unbrauchbar geworden ist. ■ Wir bewegen uns nun auf die Hälfte hin. »Landbesitzer auf der ganzen Welt betreiben heute eine Orgie der Bodenzerstörung, die so intensiv ist, dass die Welt laut FAO im Durchschnitt nur noch 60 Jahre Kulturpflanzen anbauen kann.« ■

Mit dem Verlust des Bodens müssen wir nicht nur das Verschwinden gütiger Kriechtierchen, Würmer und Mikroorganismen betrauern. Die Böden der Welt sind auch ein riesiger Kohlenstoffspeicher, sie enthalten ca. 150 Mrd. t, was etwa doppelt so viel ist wie die Atmosphäre und dreimal so viel wie die Vegetation. In den letzten zwei Jahrhunderten haben die intensiv bewirtschafteten Flächen der Welt 30 bis 75% ihres Kohlenstoffgehalts verloren, das sind etwa 78 Mrd. t oder ein Drittel aller menschlichen Emissionen. Darüber hinaus hat die Zerstörung von Regenwäldern bisher 15% aller Treibhausgasemissionen freigesetzt. Und jährlich ist das weltweite Ernährungssystem für ein Drittel aller Treibhausgasemissionen verantwortlich. ■

Die gute Nachricht: Es gibt bereits Methoden, um den verlorenen Kohlenstoff wieder in den Boden zu bringen. Da wäre das *managed grazing*, bei dem die Kühe auf wechselnden Flächen weiden, ein wirksames Mittel, um Kohlenstoff aus der Luft zu binden, ■ weil die Grasdecke und ihre Wurzelmasse sich tiefgreifender erholen können. Für Plantagenflächen gibt es Methoden wie die *Pyrolyse*, die biologischen Kohlenstoff in eine mineralisierte Form umwandelt, die nicht verrottet und im Boden bleibt. Diese

Holzkohle wirkt der Versauerung entgegen, ergänzt den Nährstoffgehalt und verbessert die Bodenflora und -fauna. Zudem filtert Holzkohle Wasser, was von unschätzbarem Wert ist. Mit solchen Methoden wäre es in den nächsten Jahrzehnten möglich, 140 Mrd. t Kohlenstoff wieder im Boden zu binden ■ – das würde das Problem der CO_2-Emissionen fast lösen! Und was die Wälder betrifft: Man lasse die wenigen erhaltenen alten Wälder unberührt und forste Kahlschläge wieder auf!

> **Was kann ich tun?**
> - Kaufen Sie Bio: Lebensmittel, Baumwolle, alles.
> - Verbreiten Sie, dass es beim Kauf von Bio weniger um die eigene Gesundheit geht, sondern um die Heilung und Erhaltung der Lebenssysteme der Erde.
> - Bauernmärkte besuchen, um regionale (Bio-)Betriebe zu stärken.
> - Informieren Sie sich über die Solidarische Landwirtschaft, eine geniale Art und Weise, neue regionale Infrastrukturen für Menschen und nicht für Maschinen und Konzerne aufzubauen. ■

Viehzucht

Die Aufzucht von Nutztieren verursacht so viele CO_2-Emissionen wie alle Fahrzeuge, Züge, Schiffe und Flugzeuge der Welt zusammen. Die Welt hat vier Jahrzehnte über den Kraftstoffverbrauch im Verkehr diskutiert (wenn auch ohne echte Ergebnisse), aber

Shanti (7)

der größte Verursacher der Naturzerstörung ist die Agroindustrie, und insbesondere der Fleischsektor.

Die Fleischproduktion hat einen enormen Wasserbedarf. Eine Studie von 2010 über den Wasser-Fußabdruck besagt, dass Gemüse zwar im Durchschnitt ca. 322 Liter Wasser pro kg und Obst 962 l benötigt, aber Fleisch viel höher liegt: Huhn 4.325 Liter pro kg, Schweinefleisch 5.988, Schaf/Ziegenfleisch bei 8.763 und Rindfleisch 15.415 Liter pro kg. Die Agroindustrie schluckt etwa 70 % des weltweiten Wasserverbrauchs, eine Studie aus dem Jahr 2013 ergab sogar, dass es bis zu 92 % sind.■

Wir sollten dies nicht den wenigen Nutztieren von Kleinbauern in ärmeren Ländern ankreiden, wo Fleisch, Eier und Milchprodukte wichtig sind, um geballt Nährstoffe, insbesondere für Kinder, bereitzustellen. Tiere, die auch für Leder, Wolle, Düngemittel und Transportkraft (z.B. Ochsenpflug) sorgen. Es geht um »Big Meat«; Costco z.B., ein Unternehmen, das eine neue Fabrik in Nebraska errichtet, um mehr als 2 Mio. Hühner pro Woche, d.h. mehr als 100 Mio. pro Jahr zu »verarbeiten«.■ Es ist gerade die unwirkliche Größe der industriellen Tierhaltung, die die massivsten Auswirkungen auf das Klima hat. Der Landbedarf der Tierhaltung ist so riesig, dass man ihn aus dem Weltraum erkennen kann. In den USA werden nur 4 % der Landfläche (77,3 Mio. ha) für den Anbau von Nahrungsmitteln für Menschen benötigt, aber 34,6 % für Rinderweiden und 6,7 % für den Anbau von Viehfutter. Insgesamt wird *mehr als das Zehnfache* (41,3 %) der Fläche für die Tierernährung genutzt als für die direkte Ernährung des Menschen.■

Die industrielle Fleischproduktion (sowie die von Milchprodukten und Eiern) hat dazu geführt, dass das planetarische Gleichgewicht der »Biomasse« völlig aus der Balance geraten ist. Mit dem fortschreitenden sechsten Massensterben und dem Verlust der Fülle in der Biosphäre macht der Mensch, der einst nur *eine* Säugetierart unter Hunderten war, heute 36 % der Gesamtmasse aller Landsäugetiere aus. Und domestizierte Nutztiere (v. a. Rinder und Schweine) machen 60 % aus. Das sind 96 % Mensch und seine Nutztiere, während nur 4 % der Biomasse Wildtiere bleiben. Ebenso bei den Vögeln der Welt: 70 % sind Hühner und Geflügel in ihren Todeslagern, nur 30 % sind freie Vögel. ■

Abb. 5:
Von allen Säugetieren auf der Erde sind inzwischen 96 % Nutztiere und Menschen.

Im Amazonas und den angrenzenden Ökosystemen gehen die Entwaldung und Landnahme mit erschreckender Geschwindigkeit weiter. Das meist illegal geschlagene Holz wird weltweit verkauft (Europa ist immer noch einer der größten Importeure ■). Aber der eigentliche Grund für die Entwaldung ist Viehweide und Futteranbau. In Brasilien wurden bereits 275 Mio. ha für die Agroindustrie entwaldet, eine Fläche von der Größe Argentiniens. ■ GV-Soja und Glyphosat sind König und verschmutzen Grundwasser, Flüsse und Seen sowie die Kinder von Mensch und Tier. Indigene Stämme werden vertrieben, oft mit Gewalt. Auch in Bolivien, Argentinien, Paraguay. Und in Indonesien für Palmöl. Das globale Agrogeschäft — Soja, Palmöl, Kakao, Getreide – liegt in den Händen von nur fünf Konzernen mit einem Jahresumsatz von mehreren Milliarden Dollar. ■ Südamerikanisches Sojafutter wird nach China und Europa exportiert. (Die USA decken ihren eigenen Bedarf und haben einen Überschuss, der ebenfalls nach China geht.)

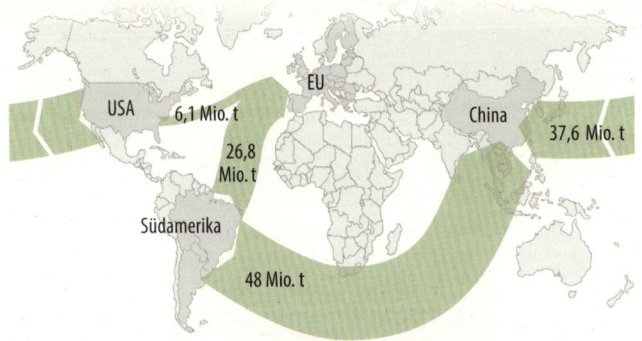

Abb. 6: Tropenwald für Sojafutter: die globalen Handelsrouten. ▪ Quelle: EST 2019
Deutschland ist der größte Sojaimporteur Europas. 2016 lagen die Einfuhren bei 3,7 Mio.
Tonnen Sojabohnen und 2,8 Mio. Tonnen Sojaschrot, größtenteils aus Südamerika.

Solch enorme Transportmengen sind nur möglich, weil das
gesamte Welternährungssystem mit billigem Öl betrieben wird
(»Cheap Oil«). In den USA ist jedes Lebensmittel durchschnittlich 1.500 Meilen vom Ursprungsort zum Verbraucher gereist. ▪
Ähnlich in Europa: Wenn man in Norddeutschland z.B. Nordsee-
garnelen kaufen will, findet sich vielleicht ein Produkt aus Däne-
mark. Man freut sich über die relativ geringe Entfernung, ahnt
aber nicht, dass die kleinen Meeresbewohner zwar von einem
dänischen Boot aufgegriffen, aber in Portugal geschält und in
Polen verpackt worden sind.

Was wird getan?
Das System hält eisern am Status quo fest. Der UN-Beauftragte
Olivier de Schutter erinnert uns daran, dass, wenn die Lebensmit-
telpreise die Schäden an der Natur und im Sozialen (Arbeitslosigkeit, Armut, Gesundheit) beinhalten würden, sie doppelt so hoch
sein müssten. Aber kein Politiker, der in einigen Jahren wiedergewählt werden will, hat den Mut zu einer Systemumstellung,

113

und so behalten wir ein System, das weiterhin v.a. die Groß-grundbesitzer subventioniert. Die UN, Regierungen und Wissen-schaftler sind sich einig, dass das derzeitige Ernährungssystem eine Sackgasse ist. Aber die Berater der Regierungen sind die großen Unternehmen. Und die allergrößten sind die Mineralöl-gesellschaften: Öl hält die Traktoren am Laufen, Düngemittel und Pestizide werden aus Ölderivaten hergestellt, ebenso wie der ge-samte Treibstoff, der die Lebensmittel um den Planeten herum befördert.

- *CO_2 aus der Agroindustrie:* Nicht viel. Die Klimadiskussion ver-meidet das Thema und konzentriert sich stattdessen auf den privaten Verkehr.
- *Antibiotika:* Eine kleine Reduzierung in der EU bis 2022. ■
- *Pflanzliches Protein:* In Bezug auf Umwelt, Klima und mensch-liche Gesundheit ist die Massenfleischproduktion die größte Narretei der Menschheit. Deshalb haben Wissenschaftler vor-geschlagen, dass die UN-Klimakonferenzen (COP) dringend auch das Thema des Übergangs von tierischem zu pflanzlichem Eiweiß als »Teil der Klimaschutzverpflichtungen der Länder« ■ aufnehmen sollten. Aber nach der COP24 im Dezember 2018 gab es keine Nachrichten dazu.
- Viele Menschen wollen nicht einfach nur noch warten, dass eine bessere Welt kommt. Eine Studie aus dem Jahr 2017 zeigte, dass, wenn alle US-Amerikaner Rindfleisch durch Bohnen er-setzen würden, das Land allein damit die von Barack Obama vereinbarten Pariser Klimaziele fast erreichen könnte. Und die Erkenntnis, dass »der Verzicht auf Rindfleisch mehr fürs Klima tut als der auf Autos«, ■ hätte sich bereits seit 2014 verbreiten können, aber die Medien und die Behörden schweigen lieber dazu. Stattdessen gibt es seither große Werbekampagnen für Fleischkonsum. Dennoch steigt die Zahl der Vegetarier und Veganer. In Deutschland z.B. gibt es (2018) laut Vegetarierbund etwa knapp 8 Mio. Vegetarier und 900.000 Veganer. ■

Olivier de Schutter, Ko-Vorsitzender des International Panel of Experts on Sustainable Food Systems (IPES-Food), ■ führte eine UN-Studie durch, die zu dem Schluss kam, dass es ohne weiteres möglich ist, dass die Welt sich ausschließlich durch biologischen Landbau ernährt. ■ Da Großbetriebe v.a. Tierfutter und Biokraftstoffe produzieren und 70–75% der tatsächlichen Lebensmittel der Welt ohnehin von kleinen Betrieben stammen, muss ihr Potential nur noch etwas optimiert werden: auf Bio umschalten, Agroforstwirtschaft ■ (die sowohl die Vielfalt als auch die Erträge erhöhen kann), Agrarökologie ■ (die die Erträge einer bestimmten Flächengröße verdoppeln kann) oder Permakultur ■ (die die Erträge verdrei- oder vervierfachen kann) integrieren. Viele Beispiele auf der ganzen Welt zeigen bereits, dass kleinen Betrieben die Zukunft gehört. ■

Was kann ich tun?

- *Die Reduzierung des Fleisch- und Milchkonsums ist der effektivste Weg, wie jede/r von uns die Auswirkungen des Menschen auf den Planeten verringern kann*. Ein Ausgleich der Klimastörungen ist ohne eine massive Reduzierung des weltweiten Fleischkonsums nicht möglich. Es wird niemanden umbringen, Fleisch und Fisch stark zu reduzieren (2018 verzehrte jede/r Deutsche im Durchschnitt 60 kg Fleisch und Fisch, also 1,15 kg/Woche).

- Verbreiten Sie die Botschaft über die *Nicht*-Nachhaltigkeit der Fleischindustrie. Aber versuchen Sie nie, jemanden zu zwingen, die Ernährung oder Denkrichtung zu ändern; das würde nur Positionen verhärten und nach hinten losgehen. Konfrontieren Sie stattdessen Politiker mit den globalen Fakten (die sie kennen, aber hartnäckig ignorieren).

- Setzen Sie ihre lokale Supermarktkette unter Druck, ihre Lieferquellen transparent zu machen: Verwenden ihre Fleischlieferanten Regenwald-Soja als Futtermittel? ■

- Sehen Sie sich den Dokumentarfilm Food, Inc. an. ■ Die offizielle Website des Films bietet auch Hilfen an, um eine öffentliche Vorführung zu organisieren. ■

115

Shanti (6)

13. Energie und »Fortschritt«

Beim Überkonsum geht es nicht nur ums Essen. Per Definition ist der Kapitalismus das Mittel zur Maximierung persönlichen Gewinns, und um am effektivsten zu sein, muss er alles, was zu Geld gemacht werden kann, ergreifen, die Produktion von Dingen mit *begrenzter* Lebensdauer steigern (die bald ersetzt werden müssen) und die Konsumentenbasis (Bevölkerung) ständig vergrößern. Und all dies geht um so besser, wenn billige Energie zur Verfügung steht.

Die erste menschliche Spezies (*Homo erectus*) begann vor etwa 1 Mio. Jahren mit der kontrollierten Nutzung des Feuers zum Heizen und Kochen. Evolutionär gesehen hatten menschliche Gruppen mit Feuer entscheidende Vorteile, und so verbreiteten sie sich auf der ganzen Welt. Und für den größten Teil der Menschheitsgeschichte war ihr Hauptbrennstoff Holz (mit ein paar Gräsern).

Spätestens bei den Römern (in China ein Jahrtausend früher) hat die Nutzung von Kohle die Wärmeleistung für frühe Industrien wie Glas-, Keramik- und Metallverarbeitung verstärkt. Dies waren die Anfänge der Nutzung fossiler Brennstoffe. Doch erst mit dem zunehmenden Einsatz von Erdöl und Verbrennungsmotoren ■ in der zweiten Hälfte des 19. Jhs. begann eine völlig neue Ära der Produktivität. Wie der Autor Rob Mielcarski treffend formuliert, »im Gegensatz zu Sonnenlicht, das nur in Echtzeit von der Sonne strömt, sammelt sich fossile Energie über Millionen von Jahren an und fungiert daher als riesige Solarbatterie. Jetzt konnte der Mensch nicht mehr nur die gegenwärtige Sonnenenergie (Gras) und die vergangene Sonnenenergie (Holz), sondern auch uralte Sonnenenergie (Kohle, Öl, Erdgas) nutzen.« ■

»Weil Energie die Hauptwertstoffquelle ist, mit der man andere Wertstoffe gewinnen kann, einschließlich mehr Energie, schuf die fossile Energie eine 200jährige Phase explosiven Bevölkerungs-, Reichtums- und Technologiezuwachses.« (Mielcarski) Was die meisten Menschen nicht wissen: Die »Grüne Revolution« des Welternährungssystems in den 1960er Jahren, das die Menschheit über die 3-Milliarden-Grenze hinaustrug, *war und ist völlig abhängig von billigem Öl*. Nicht nur die dieselbetriebenen Traktoren, Erntemaschinen und Laster, nicht nur die Schwertransporter und Schiffe, die die Produkte in die ganze Welt liefern, sind vom Ölhandel abhängig, auch die gesamte Palette der chemischen Kriegsführung (Pestizide) ist ölbasiert. Aber was die Explosion der menschlichen Bevölkerung wirklich ermöglicht hat, sind die Düngemittel aus synthetischen Nitraten (man braucht drei Tonnen Öl, um eine Tonne Düngemittel herzustellen). »Es waren chemische Düngemittel, die sowohl höhere Erträge ermöglichten als auch die Einstellung begründeten, dass wir nicht von der Natur begrenzt seien.« (Michael Novack) ■

Der »endlose« Wachstum begann sich immer schneller zu drehen, ölbetrieben. Mehr Waren konnten schneller und billiger produziert werden, für immer neue Verbrauchergruppen. Und als sich das Bevölkerungswachstum in der Ersten Welt verlangsamte, rückte der Rest der Welt in den Fokus und wurde auch zu Verbrauchern gemacht. Der legendäre französische Politologe André Gorz erkannte, dass »die Triebfeder des Wachstums diese allgemeine

117

Vorwärtsflucht ist, stimuliert durch ein bewusst aufrechterhaltenes System von Ungleichheiten«. ■ Ja, Ungleichheiten, denn sobald sich die Mehrheit der Menschen ein Produkt oder eine Dienstleistung leisten kann, die einst ein exklusives Privileg einer Elite waren (wie Auslandsreisen, ein Auto, einen Computer), werden sie dadurch abgewertet. Die Industrie wird sofort das nächste Upgrade oder ein neues Produkt präsentieren, das erstrebenswert ist, »endlos Knappheit schaffen, um Ungleichheit und Hierarchie wiederherzustellen«. In diesem Spiel erzeugt der Kapitalismus mehr unerfüllte Bedürfnisse, als er je befriedigt: »Die Wachstumsrate der Frustration ist weitaus größer als die der Produktion.« ■

Nehmen wir die Ideologie des Automobils. Es war in den 1960ern ein absolutes Privileg und gilt seither als Symbol der Freiheit. Aber längst sind es viel zu viele, die Luftverschmutzung ist ein großes Problem, und die Durchschnittsgeschwindigkeit in Städten wie London ist wieder bei der des Pferdekarrens angekommen. ■ Aber während wir im Stau sitzen, können wir das nächste große Premiumprodukt genießen: das Mobiltelefon. Noch einmal die gleiche alte Geschichte: Freiheit und Prestige für die Erstbesitzer > sobald alle ein Handy hatten, mussten es Smartphones sein, um »besser zu sein als der Nachbar« > dann Version 4, dann 5, dann 10. ■ Wie bei Autos konkurrieren wir jetzt um die Verkehrsgeschwindigkeit auf den Datenautobahnen.

Der nächste Hype taucht schon am Horizont auf: das Smart Home, in dem fast jedes Objekt digitalisiert werden soll. Heizung, Kühlschrank, Wasserkessel usw. sollen alle vernetzt sein, mit einer digitalen Schnittstelle, vielleicht einer Stimme wie Alexa und einer direkten Datenleitung, um all unsere Vorlieben und Gewohnheiten mit der Werbeindustrie (und der NSA) zu teilen. Können Sie sich vorstellen, wie viel Strom diese Vervielfachung der elektronischen Dienste benötigt? Hinzukommen wird die gesamte Datenkommunikation von selbstfahrenden Fahrzeugen, die über das äußerst energie-intensive 5G-System verbunden sein sollen.

Und es soll auch *Smart Farming* kommen, die vernetzte »Landwirtschaft«. In den USA hat die automatisierte Ernte von Salaten und Erdbeeren bereits begonnen. Und in Frankreich beschneiden Roboter die Weinreben und jäten und kultivieren etwas. Ein Agrar-Roboter kann bis zu 800 verschiedene Unkrautarten erkennen und mit »Precision Targeting« vernichten. ■ Künftige Tiere könnten bald vollständig von Automaten »versorgt« werden. Im Grunde können die Tiere ihr ganzes Leben in einer überdimensionalen Maschine verbringen. Die gruseligen Agro-Gebiete von morgen sollen menschenfrei sein und von Drohnen, Robotern, GPS-gesteuerten Traktoren und Erntemaschinen mit Big-Data-Anschluss bevölkert werden. Was die blauäugigen Propheten nicht erwähnen, ist, dass Roboter grundsätzlich nur Pflanzen ernten können, die für die maschinelle Ernte geeignet sind, was also mehr Rationalisierung und Konformität, noch größere Monokulturen und idealerweise die Gleichartigkeit von GV-Klonen erfordert. Und die neuen Elektronikfarmen werden ein Vermögen kosten, aber dafür sind ja Kredite da. Subventionen aus Steuergeldern können den Landwirten helfen, tiefer in die Schuldenmühle zu geraten, die Banken können mehr denn je verdienen, die globalen Nahrungsmittelkonzerne auch, und die Wirtschaft wächst!

Aber es wird nicht zu dieser »schönen neuen Welt« kommen, ganz einfach wegen eines Energieproblems. Der CO_2-Fußabdruck des Internets ist bereits immens. Weltweit steigt der Strombedarf von internetfähigen Geräten, E-Mails, Überwachungskameras und mobilen Geräten jährlich um 20%. Im Jahr 2010 hat das Internet weltweit rund 300 Mio. t CO_2 freigesetzt, mehr als die Hälfte der in Großbritannien verbrannten fossilen Brennstoffe. ■ 2015 schluckte es etwa 3–5% des weltweiten Stroms. ■ 2016 benötigten die Serverfarmen in den USA etwa 8 große Kernreaktoren oder die doppelte Leistung aller nationalen Solarmodule ■ – mit der Ausnahme, dass sie weitgehend von fünf alten und schmutzigen Kohlekraftwerken in Virginia angetrieben werden. ■   119

Greenpeace rechnet vor, dass nur 20 % des weltweiten Internet-
stroms erneuerbar sind, 80 % des Stroms stammen immer noch
aus fossilen Brennstoffen. ■ Und all diese Zahlen beinhalten noch
nicht Smart Homes, Smart Cars, Smart Farming und die vollständige Digitalisierung, die etwa die Hälfte aller Arbeitsplätze ersetzen wird.

Übrigens, das Aufladen Ihres Smartphones verbraucht etwa
1 kwh pro Jahr, das ist nicht schrecklich viel. Aber eine einzige
Schneeflocke merkt auch nicht unbedingt, dass sie zu einer
Lawine gehört.

Was billiges Öl betrifft – das geht auch nicht ewig so weiter,
es muss sich also ohnehin etwas ändern. Es scheint eine breite
Übereinstimmung zu bestehen, dass »Peak Oil« im Jahr 2005
stattfand. Dies ist der Begriff für die maximale Ölförderung. Die
maximale Förderleistung beginnt zu sinken, sobald die Hälfte
einer Lagerstätte geleert ist. Von da an wird die Produktion lang-
samer und schwieriger. Es mag noch jahrzehntelang Öl geben,
aber seine Gewinnung wird immer teurer, bis zu dem Punkt, an
dem mehr Energie verbraucht wird als gefördert werden kann.
Wir befinden uns bereits in der Phase der verzweifelten Tiefsee-
bohrungen, Teersande und Fracking.

PS: Also keine Sorge, dass jemals künstliche Intelligenz den Planeten als karge Felslandschaft beherrschen könnte – ohne Menschen oder nur mit einer kleinen Anzahl von Sklaven – und den
gesamten Bergbau (um ihre eigenen technischen »Nachkommen« herzustellen) ohne Umweltschutzbeschränkungen betreiben würde, weil es sowieso keine Biosphäre mehr gäbe. Wenn
Sie meinen, dass das möglich ist, haben Sie Gaia noch nicht verstanden; dann lesen Sie bitte Teil 1 dieses Buches noch einmal.
*Die Erde kann nie zu einem Planeten für Maschinen werden, weil es
das LEBEN ist, die Biosphäre, die das Wasser auf dem Planeten und
die Lufttemperaturen unter dem Siedepunkt hält.*

Blossom (6)

14. Klimazerrüttung

Smoke and Mirrors: **Strategien der Desinformation**

Konzerne

Eine Klimastudie, die als »vertraulich« eingestuft und dem Vorstand von Shell Oil vorgelegt wurde, stellte klar und unmissverständlich fest, dass die CO_2-Emissionen durch die Verbrennung fossiler Brennstoffe den Planeten erhitzen würden. Shell fasste zusammen, dass »die Veränderungen die größten in der Geschichte sein könnten«, und listete Auswirkungen auf, wie den Rückgang der Polkappen, den Anstieg des Meeresspiegels (möglicherweise bis zu fünf bis sechs Meter), das Verschwinden bestimmter Ökosysteme, die Zerstörung von Lebensräumen, zunehmende Probleme mit der Verfügbarkeit von Nahrungsmitteln und Trinkwasser, den Rückgang des Wohlstands in verschiedenen Teilen der Welt und die unvermeidbare Massenmigration. ■ Dieser interne Shell-Bericht ist von – 1986. ■

121

Er war nicht der erste seiner Art. Ein interner Exxon Mobile-Bericht von 1982 ■ prognostizierte, dass sich der globale CO_2-Gehalt – ausgehend von seinem vorindustriellen Niveau – bis 2060 auf 560ppm (parts per million) verdoppeln und die Durchschnittstemperaturen des Planeten um etwa 2°C anheben würde. ■ Der richtige Schritt wäre gewesen, Regierungen und Öffentlichkeit zu informieren. Aber stattdessen »erkannten die Ölfirmen, dass ihre Produkte CO_2 in die Atmosphäre einbringen und dies zu einer Erwärmung führen würde, und sie berechneten die wahrscheinlichen Folgen. Daraufhin haben sie sich entschieden, diese Risiken einzugehen – in unserem Namen, auf unsere Kosten und ohne unser Wissen«, sagt Benjamin Franta in *The Guardian* und fragt: »Wer hat das Recht, einen solchen Schaden vorherzusehen und dann die Prophezeiung selbst zu erfüllen?«

1989 gründeten Shell, Exxon, BP und Chevron die Lobbyorganisation Global Climate Coalition. Das einzige Ziel war es, mit einem jährlichen Budget von mehreren Millionen Dollar systematisch Zweifel an der Klimawissenschaft zu wecken. 1998 wurde die Organisation wieder aufgelöst, und seither leugnet Shell den Klimawandel nicht mehr. Aber hinter den Kulissen wurde die Finanzierung gegen die Klimaforschung sogar erhöht: ■ Eine Untersuchung aus dem Jahr 2016 ergab, dass die gesamten Ausgaben der fossilen Brennstoffindustrie für obstruktives Anti-Klima-Lobbying bei etwa 500 Mio. Dollar pro Jahr liegen dürften. ■

Der vertrauliche Bericht von Shell wurde erstmals im April 2018 von der niederländischen Nachrichtenorganisation Inside Climate News (ICN) ■ veröffentlicht. Die geheimen Papiere von Exxon waren auch nicht für die Öffentlichkeit bestimmt, sondern wurden 2015 geleakt – die ICN-Artikelreihe wurde 2016 Finalist für den Pulitzer-Preis. ■ Endlich beginnt die Welt aufzuwachen. Langsam werden die »Leute, die mit dem Schicksal der Menschheit spielen«, ■ zur Verantwortung gezogen: Seit einigen Jahren

nehmen die Forderungen nach Klagen zu, ■ z.B. gegen Exxon

nach dem Corrupt Organizations Act (RICO), und die Unterstützung durch Wissenschaft und Öffentlichkeit wächst.

Politik

Die dunklen Folgen der Verbrennung fossiler Brennstoffe waren von Anfang an auch außerhalb von Shell und Exxon bekannt. Bereits 1968 veröffentlichte Gordon MacDonald, damals Wissenschaftsberater von US-Präsident Johnson, einen Aufsatz, in dem er eine nahe Zukunft voraussagte, in der die CO_2-Emissionen das Wetter verändern und Hungersnöte, Dürren und wirtschaftliche Zusammenbrüche auslösen könnten. 1978 prognostizierte eine Gruppe von Elitewissenschaftlern, dass die Verdoppelung des CO_2-Gehalts in der Luft bis 2035 erreicht sein würde und dass die globalen Temperaturen im Durchschnitt um 2 bis 3°C steigen würden. Ihre Studie wurde praktisch an alle US-Institutionen geschickt. ■ Während der 1980er standen die USA mehr als einmal kurz davor, dem Klimawandel in seinen Anfängen Einhalt zu gebieten, scheiterten aber immer wieder am Widerstand von Big Oil und einigen Hardlinern in den Regierungen Reagan und Bush. ■ Außerdem sind auch einige Politiker Meister der Täuschung. ■

Media

Die Mainstream-Medien haben die falschen Vorstellungen der Öffentlichkeit vom »Klimawandel« entscheidend mitgeprägt, einfach durch die schlichte Dramaturgie, Meinungen als »ausgewogen« darzustellen, indem man immer wieder einen »klimaskeptischen« einem warnenden Wissenschaftler gegenüberstellte. Aber über die letzten zwanzig Jahren hat dies »eine sehr unausgewogene Wahrnehmung der Realität geschaffen. Folglich glauben die Menschen, dass die Wissenschaft immer noch gespalten sei, was die globale Erwärmung verursacht, und deshalb gibt es nicht annähernd genug öffentliche Unterstützung oder Motivation, das Problem zu lösen« (*The Guardian*). ■

Im Internet gibt es viele »Klima-Skeptiker«, ihre Portale mögen in der Gestaltung und Sprache »wissenschaftlich« aussehen, verraten sich aber immer selbst:

- Die meisten von ihnen wurden seit 2012 nicht mehr aktualisiert, d.h. sie blühten während der etwas kühleren Phase der Klimaschwankungen auf der Erde (1998-2012, siehe unten) und sind seitdem – auch ungepflegt – noch online.
- Die Beiträge behaupten »Fakten«, geben aber selten Quellen an, und oft genug nicht einmal Namen von Autoren. Und wenn es Namen gibt, haben sie im Netz gar kein Profil (z.B. LinkedIn), und sind auch keiner angesehenen Institution angeschlossen (etwa einer Uni oder den UN).
- Selbst logisch erscheinende Argumente beinhalten Aussagen, die einfach falsch sind. Oder die Websites sind voller beeindruckend aussehenden Diagrammen, die aber keine Quellenangaben aufweisen.

Es gibt kaum ein Argument von »Klima-Skeptikern«, das nicht bei der Kernbotschaft endet: dass »Klimawandel« bloß Schwindel oder Angstmacherei sei – um uns zu manipulieren. Aber es wird nie gesagt, wer dahinterstecken soll und zu welchem Zweck. ■
Die Frage ist also: Was wollen die »Klimaverweigerer« von uns? Und es scheint, dass sie sagen: Tut nichts! Bleibt ruhig! Lasst den Dingen ihren Lauf – der allerdings von Big Oil, Big Food und Big Money kontrolliert wird. – An ihren Früchten sollt ihr sie erkennen.

Klima – Fragen und Fakten

▶ Verwirrung 1: »Die Wissenschaftler sind sich doch selbst nicht einig, ob die globale Erwärmung von Menschen verursacht wird oder nicht.«

Seit Anfang der 90er Jahre sind 97% der Wissenschaftler, die in der Klimatologie arbeiten, der Meinung, dass die Klimazerrüttung vom Menschen verursacht wird. ■

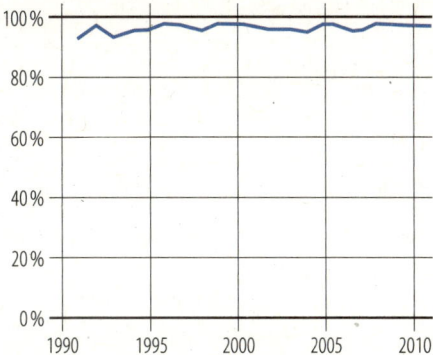

Abb. 7:
97% der Wissenschaftler sind sich seit den 90er Jahren einig, dass die Klimazerrüttung vom Menschen verursacht wird.

Quelle: Skeptical Science (nach Cook et al. 2013)

Was kann ich tun?

• Mehr zur 97%-Einigkeit der Wissenschaftler beim Konsensusprojekt (nur in englisch): theconsensusproject.com ■

• Verbreiten Sie die Nachricht. Skeptical Science hat eine Webseite, auf der Konsens-Grafiken über Social Media oder Email ausgetauscht werden können: skepticalscience.com/graphics.php ■

▶ **Verwirrung 2: »Die globale Erwärmung hat aufgehört! Es wird gar nicht mehr wärmer.«**

Dieser Begriff stammt aus der »kühlen« Planetenphase 1998–2012, als die globalen Temperaturen – bedingt durch eine Reihe variabler Klimaparameter ■ – nicht so stark stiegen wie erwartet. Seit 2013 jedoch ist die Welt eine andere. Was auch immer der Grund war, warum Gaia uns eine Pause gab, es ist längst vorbei. Die Jahre 2014 bis 2016 waren jeweils die heißesten seit Beginn der Aufzeichnungen; 2017 fiel knapp hinter 2015 zurück, war aber immer noch das drittwärmste Jahr überhaupt. Dann kamen die Hitzewellen von 2018… Der 5-Jahres-Mittelwert ist mit den Modellen im Einklang, und die Temperaturkurve steigt schneller als je zuvor.

125

Verwirrung 3: »Nichts ist bewiesen. Es sind alles nur fehlerbehaftete Computermodelle.«

Es gab Fehler in der Anfangszeit; natürlich sind Modelle aus den 90er Jahren eine andere Sache als die aus den 2010er Jahren. Die Klimawissenschaft hat große Fortschritte gemacht. Aber es gibt ohnehin einen großen Unterschied zur Klimadiskussion vor 2013: Es geht nicht mehr um die Modellierung – die globale Erhitzung findet statt, sie wird durch Thermostate an Land, auf Bojen in den Weltmeeren und von Satelliten *gemessen*. Im Jahr 2018 schmilzt die massive Eiskappe Grönlands mit der höchsten Rate seit mindestens 450 Jahren. Wir hören regelmäßig solche drastischen Nachrichten über schmelzende Polkappen, ■ schrumpfende Gletscher, Fische und Vögel, die weiter nach Norden wandern, sowie drastische Unregelmäßigkeiten in den Monsunzeiten, dazu die ganze Palette von extremen Wetterszenarien. Und das alles entspricht den Computermodellen.

Verwirrung 4: »Es ist nicht einmal bekannt, ob CO_2 eine Klimawirkung hat.«

Moleküle der Größe von CO_2 und H_2O fangen Wärmestrahlen auf, die von der Erdoberfläche zurückstrahlen, und halten dadurch Wärmeenergie in der Atmosphäre. Satellitenmessungen von Infrarotspektren in den letzten 40 Jahren zeigen den Zusammenhang mit steigenden CO_2-Werten.

Darüber hinaus liefert die Klimageschichte Belege: Die Wostok-Eisbohrkerne (zusammen mit der Analyse von Baumringen und Korallenriffen) geben uns Auskunft über die Klimageschichte der letzten 420.000 Jahre. Luftblasen, die im Eis eingeschlossen sind, sagen uns, wie viel CO_2 und andere Gase im Laufe der Zeit in der Atmosphäre enthalten waren. CO_2-Werte der Luft und mittlere globale Temperaturen sind immer eng miteinander verbunden. Das atmosphärische CO_2 lag in Eiszeiten immer bei 180–210 ppm, und in den Warmzeiten bei 280–300 ppm. Es ist wichtig zu beachten, dass sich der CO_2-Gehalt nie unter 180 ppm und nie über 300 ppm befand. Das vorindustrielle Niveau lag bei knapp 270 ppm. Aber im Jahr 2013 erreichten wir 400 ppm, und im Februar 2018 bereits 407 ppm.

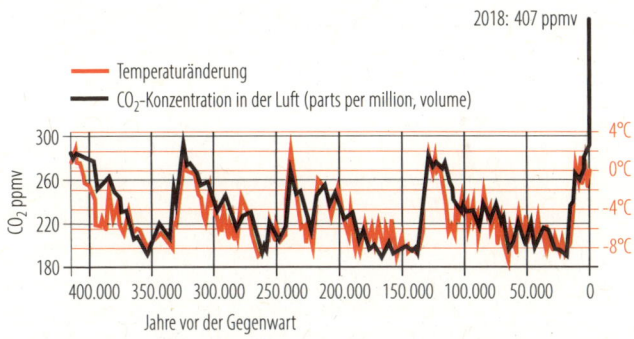

Abb. 8: Die CO_2- und die Temperaturschwankungen der letzten 410.000 Jahre

Quelle: Die Wostok-Eisbohrkerne, in Harding 2009

▶ **Verwirrung 5: »Es ist nicht einmal bekannt, ob das zusätzliche CO_2 in der Atmosphäre von Menschen verursacht wird.«**

Doch, man weiß es genau! Kohlenstoff existiert in 15 verschiedenen Isotopen, davon sind aber nur zwei stabil und kommen natürlich vor: 12C und 13C. Der aus der Verbrennung fossiler Brennstoffe entweichende Kohlenstoff ist 14C, ein Radionukleid, das in gut fünfeinhalbtausend Jahren zerfällt (darauf basiert auch die Radiokarbonmethode zur Altersbestimmung). Sein atmosphärischer Anteil kann mit Hilfe von Spektrometern gemessen werden. So findet man das aus Erdöl stammende 14C z. B. auch in Pflanzen wieder. Zweitens führt eine Verbrennung nicht nur zu einer Zunahme von CO_2 in der Luft, sondern auch zu einer Abnahme von Sauerstoff O_2, was ebenfalls gemessen wird. Drittens erlauben nationale Statistiken die Berechnung der C-Emissionen.

Verwirrung 6: »War Grönland nicht schon früher grün?«

Den Eisschild auf Grönland gibt es seit mindestens 400.000 Jahren, vielleicht waren einige Küstengebiete, in denen Wikinger landeten, zeitweilig grüner als heute.

Verwirrung 7: »Haben die Wissenschaftler in den 1970er Jahren nicht von einer kommenden Eiszeit gesprochen?«

Ja, in etwa 50.000 Jahren. ■

Verwirrung 8: »Ist es nicht vermessen, uns vorzustellen, dass unsere unbedeutende Spezies eine so ungeheure Wirkung auf einen ganzen Planeten haben soll? Setzen Vulkane nicht viel mehr CO_2 frei als wir?«

Unter den wenigen derzeit aktiven Vulkanen ist der Mount Kilauea auf Hawaii seit 35 Jahren aktiv. Der Kilauea stößt jährlich etwa 7 Mio. t CO_2 in die Atmosphäre aus. Im Jahr 2018 erreichten die jährlichen menschlichen Emissionen über 36 Mrd. Tonnen. Darin sind die Auswirkungen der »Landnutzung« (siehe nächsten Abschnitt) nicht enthalten, die Gesamtmenge der anthropogenen Emissionen beträgt 41,5 Mrd. t. **Die durch den Menschen verursachten CO_2-Emissionen pro Jahr sind über 5.900 mal höher als die des Kilauea.**

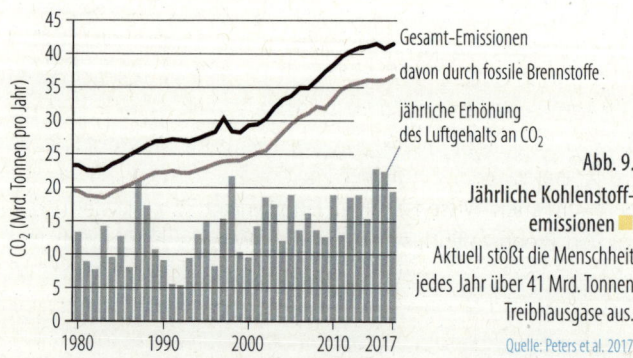

Gesamt-Emissionen

davon durch fossile Brennstoffe

jährliche Erhöhung des Luftgehalts an CO_2

Abb. 9.
Jährliche Kohlenstoff-emissionen ■
Aktuell stößt die Menschheit jedes Jahr über 41 Mrd. Tonnen Treibhausgase aus.

Quelle: Peters et al. 2017

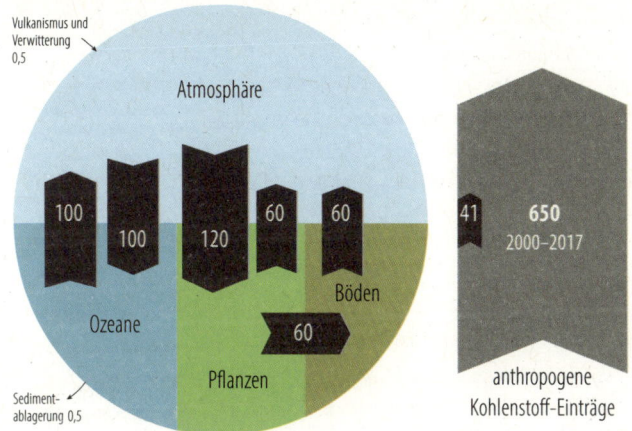

Abb. 10: Mengenverhältnisse des globalen Kohlenstoffkreislaufs, in Mrd. Tonnen

Es ist offensichtlich, dass im Vergleich zu den massiven Mengen an Kohlenstoff, die das Erdsystem umwandelt, der *jährlichen* Emissionen der Menschheit durchaus gering erscheinen. Aber der springende Punkt ist, dass die Freisetzung und Wiedereinbindung von Kohlenstoff im natürlichen Kreislauf in sich selbst ausgeglichen ist, während künstlicher Kohlenstoff **zusätzlich** eingebracht wird. Zweitens **sammeln** sich anthropogene Emissionen **an**, weil CO_2 für etwa 120 Jahren klima-aktiv ist. Deshalb spricht man vom »Kohlenstoffbudget« (Carbon Budget) der Menschheit – wir haben fast das Maximum dessen verbraucht, was wir jemals hätten emittieren dürfen. Quelle: Peters et al. 2017

▶ Verwirrung 9: »Klimaforscher sind nur wegen des Geldes dabei.«

Dies ist eine Projektion der Bestechlichkeit jener Wissenschaftler, die von den großen Ölfirmen als »Skeptiker« bezahlt werden. An Universitäten, NGOs und unabhängigen Forschungseinrichtungen verdienen Wissenschaftler längst nicht so viel wie in der fossilen Brennstoffindustrie. Und dass Wissenschaftler sich tatsächlich (für die lebendige Welt) einsetzen, zeigt sich an ihrem Engagement in Petitionen, Warnungen an Politiker und der Gründung der Union of Concerned Scientists (»Vereingung Besorgter

129

Wissenschaftler«, (ucsusa.org) ■ mit mehr als 250.000 Mitgliedern. Im Dezember 2017 erneuerte die Vereinigung ihre Warnung an die Menschheit mit Unterschriften von mehr als 15.000 Wissenschaftlern.

▶ **Verwirrung 10: »Es ist jetzt sowieso zu spät. Es ist nicht realistisch, zu versuchen, unsere Emissionen bis 2050 auf Null zu senken.«**

Wenn etwas nicht »realistisch« ist, dann, dass der Mensch mit offenen Augen in die Selbstvernichtung rennt und nichts dagegen unternimmt. Die tiefe Angst vor großen Veränderungen, die sowohl von Politikern als auch von Bürgern gehegt wird, beruht auf der *Vorstellung*, dass die Reduzierung der Emissionen zu weniger Produktivität und damit zu weniger Wirtschaftswachstum und damit zu Elend, Armut und letztlich dem Tod führt. Aber es ist das Nichthandeln, das uns schneller ins Elend führt als alles andere. Ein wesentlicher Schritt ist es, das Wirtschaftswachstum von der Beschäftigung und von echtem Wohlstand zu *entkoppeln*. Derzeit beruht die Wirtschaft auf dem Finanzsystem der Schulden. Es ist das konventionelle ökonomische Paradigma, das einer drastischen Überarbeitung bedarf. Tatsächlich sind bereits viele Alternativen von einer Reihe von Spitzenökonomen vorgeschlagen worden. ■

Selbst die Weltbank und eine wachsende Zahl von Finanzagenturen und Ökonomen sagen, dass das Handeln gegen den Klimawandel nur halb so viel kosten wird wie die andere Option, weiterhin »Business as usual« zu betreiben und jeder einzelnen Zerstörung *hinterherzureparieren*. Tatsächlich ist es das Nichthandeln, das alle Länder immer weiter destabilisieren wird. (Denken Sie daran: Küstenstädte wie New York und San Francisco haben begonnen, Big Oil wegen ihrer 30 Jahre langen Lügen zu verklagen. – Es wäre viel billiger gewesen, wenn wir bereits in den 80er Jahren mit dem Klimaschutz begonnen hätten.)

Die Kohlenstoffdiskussion

Die Überwachung der Emissionen ist notwendig, um sie zu reduzieren. Allerdings wird dies seit Jahrzehnten getan, ohne dass auch nur im mindesten angemessene Maßnahmen ausgelöst worden wären. Durch Zahlen und Statistiken fühlen sich Bürokraten jedoch sicher. Keine der laufenden Diskussionen muss hier wiederholt werden, aber eine Sache, die nie genannt wird, muss hier zur Sprache kommen: das Verhältnis der Emissionen aus Verkehr und industrieller Landwirtschaft.

Strom- und Wärmeerzeugung umfasst Haushalte und Industrie.

Landwirtschaft beinhaltet nicht die langfristige Freisetzung von Kohlenstoff durch Humusverlust.

Transport umfasst die Schienen-, Straßen-, Luft- und Binnenschifffahrt, nicht aber den Überseeverkehr.

Gebäude beinhaltet Heizen (und Kochen).

Sonstige Energie bezieht sich auf den Energiesektor selbst: Kraftstoffgewinnung, Raffinierung, Verarbeitung und Transport.

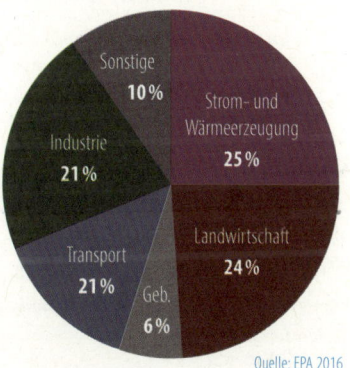

Quelle: EPA 2016

Abb. 11: Globale Treibhausgasemissionen nach Wirtschaftszweigen (2015).

Daten über Treibhausgas-Emissionen (**THG**) der verschiedenen Wirtschaftssektoren verdecken meistens den Einfluss der **Agroindustrie**, indem sie diese von »Forstwirtschaft und anderen Landnutzungen« (die in den Ländern jeweils ebenfalls ca. 12–14% betragen) trennen. Da die Forstwirtschaft im Vergleich zur Agroindustrie jedoch kaum Energie verbraucht, ist der »change of land use« ein Euphemismus für die Zerstörung von Wäldern für Weide- oder Ackerflächen. Wenn wir dazunehmen, dass landwirtschaftliche Gebäude auch Wärme und Strom benötigen, dass viele Lebensmittel industriell verarbeitet werden und dass die Nahrungsmittelketten ein enormes Transportaufkommen erfordern, sehen wir, dass die Agroindustrie ihren Preis auch in den anderen Sektoren »versteckt«. Man sieht dann, dass *der Lebensmittelsektor für etwa ein Drittel der weltweiten THG-Emissionen verantwortlich ist*. Und eine 2018 veröffentlichte Studie zeigt, dass beim derzeitigen Trend *die Hälfte der weltweiten THG-Emissionen 2030 allein aus der Tierhaltung* stammen werden. ■

Im industrialisierten Norden scheint der Verkehrssektor schwerer zu wiegen als die Landwirtschaft: 18 % in Deutschland, 28 % in den USA – meist mehr als doppelt so hoch ■ wie der nationale Landbau. Aber das täuscht, weil die riesigen Lebensmittelimporte aus Afrika, Asien und Südamerika nicht berücksichtigt werden. Dennoch diskutieren die europäischen Länder endlos über die Reduzierung der Emissionen aus dem Straßen- und Flugverkehr – was natürlich auch von entscheidender Bedeutung ist. *Aber die Zerstörung des Amazonasregenwaldes für europäisches Rindfleisch verursacht mehr CO_2 als alle Autos Europas zusammen.* ■

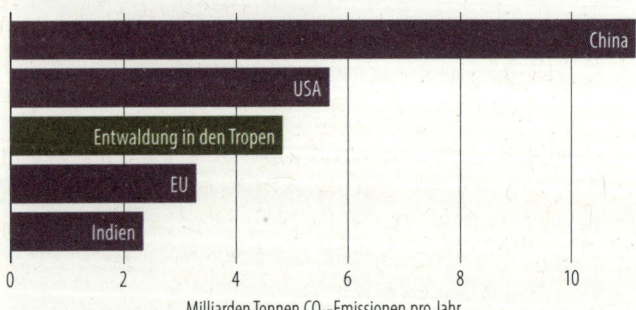

Abb. 12: Wäre die tropische Entwaldung ein Land, würde es bei den CO_2-Emissionen an dritter Stelle stehen. ■ Quelle: World Resources Institute 2016

Der andere Aspekt in diesem Zusammenhang ist, dass die Emissionen der Überseeschifffahrt weder in den Berechnungen des IPCC noch in den nationalen Schätzungen der CO_2-Emissionen berücksichtigt werden. Regierungen und die EU haben die Klimaauswirkungen der Schifffahrt konsequent heruntergespielt und behaupten, dass sie weniger als 2% der globalen Emissionen ausmacht – bis eine geleakte UN-Studie ergab, dass die jährlichen Emissionen der Welthandelsflotte im Jahr 2007 bereits fast 4,5% erreicht hatten. Im Vergleich dazu ist die Luftfahrtindustrie für etwas mehr als die Hälfte der Schifffahrt verantwortlich.■

Hochseeschiffe fahren mit Schweröl, dem schmutzigsten Treibstoff, den es gibt. Es handelt sich um den Bodenrückstand aus den Raffineriekesseln, der schwerer ist als Diesel und Heizöl und bis zu 3,5% Schwefel enthalten darf. (Zumindest auf den Binnenwasserstraßen müssen die Schiffe das weniger schwere Marinedieselöl verwenden.) Ein Auto, das 15.000 Kilometer pro Jahr fährt, emittiert in dieser Zeit durchschnittlich 101 Gramm Schwefeloxidgase (SOx). Ein einziger der weltweit größten Schiffsmotoren erzeugt in einem Jahr ca. 5.200 t. So ging 2009 die Schlagzeile um die Welt »Nur 15 der größten Schiffe der Welt produzieren so viel Schadstoffe wie alle 760 Mio. Autos der Welt.«■ Dies ist jedoch nur korrekt, wenn man »Schadstoffe« durch »Schwefeloxid« ersetzt. (Und es ist *nicht mehr* wahr, denn in nur acht Jahren bis 2017 explodierte die weltweite Zahl der Autos auf 1,25 Mrd.■). Neben CO_2 und SOx enthalten Schiffsemissionen auch große Mengen an Stickoxiden (NOx), Ruß und Partikeln.■

Es gibt 100.000 Handelsschiffe, und 90% allen Güterverkehrs der Welt wird über sie abgewickelt.■ (Ein verblüffendes Animationsvideo online zeigt die Seewege.)■

Man redet aber nicht von der Agroindustrie und dem Schiffsverkehr, sondern von privaten Autos und Urlaubsflügen. Warum? Gut, auch deren Emissionen müssen sinken, und es muss jede/r Abstriche machen, auch im Kleinen, denn nur wenn die Bevölkerung echten Willen zur Veränderung signalisiert, gibt es überhaupt (womöglich, ganz vielleicht) eine kleine Chance, dass die Politik eventuell ganz langsam damit beginnen könnte, Dinge im Großen auf den Weg zu bringen. Aber es gibt noch eine andere, düsterere Wahrheit, die hat mit dem »Mirrors« im englischen Ausdruck *Smoke and Mirrors* zu tun.

Was tut man, um die Bevölkerung daran zu hindern, von der Industrie zu verlangen, mit weniger Profiten zu rechnen, um die Umweltauflagen zu stärken? Man zieht den »Spiegel« hervor: »Bevor Sie sich über die industriellen Schornsteine beschweren, was ist denn mit *Ihren eigenen* Abgasen?!?« Der Konsument hat doch immer die Wahl, oder? Der 8. Oktober 2018 war ein Tag der Wahrheit, die Konferenz des IPCC (Weltklimarats) berichtete der Weltpresse über den Zustand des Planeten. Ihre Kernbotschaft war: Eine Erwärmung von 1,5°C oder 2°C würde die Menschheit in unbekanntes und sehr gefährliches Terrain führen; die Menschheit hätte zehn oder zwölf Jahre Zeit, ihren CO_2-Ausstoß radikal zu verringern. Der nächste Tag war für die EU-Innenministerkonferenz geplant. Eigentlich ein perfektes Timing, um sofort mit den nötigen Schritten zu beginnen! Stattdessen hatte der ganze Tag nur ein Thema: ob die zukünftigen Pkw-Emissionen um 40 oder um 30 % reduziert werden sollten (vereinbart wurden dann 35 %). Keine Erwähnung der dringenden Warnung des IPCC zur Transformation der *gesamten* Wirtschaft.

Und eine weitere Dimension des Rückspiegelns sorgt dafür, den Schwarzen Peter noch stärker Ottonormalverbraucher zuzuspielen: die heftige Diskussion über den »Dieselskandal« und den Stickstoffdioxid-Ausstoß (NO_2). Natürlich soll die Automobilindustrie wegen des Emissionsskandals (Dieselgate) vor Gericht gestellt werden! Aber die Technologie zur Lösung dieses Problems existiert, und das Budget wäre auch da. Nicht nur die Fahrverbote in manchen Städten, bereits die Festlegung des NO_x-Grenzwertes war nichts anderes als eine bürokratische Kettenreaktion.

Feinstäube sind ungleich aggressiver und gefährlicher, aber schlecht messbar; deswegen sind Stickstoffwerte Indikatoren für verschiedene Gifte. Unterm Strich bleibt der Dieselmotor in vielen Fahrszenarien der am wenigsten naturschädigende; und vor allem: *Was das Klima betrifft, gibt es keine NO$_2$-Krise.* ■

Soviel zu *Smoke and Mirrors*. Der Punkt ist: Der Stickoxid- und Dieselstreit hat nichts mit der globalen Erhitzung zu tun, sondern trägt dazu bei, die öffentliche Diskussion zum Naturschutz so sehr zu erschöpfen, dass niemand mehr die Kraft und Geduld hat, Big Oil und die großen Lebensmittelriesen herauszufordern. Dies ist ein Meisterwerk des *Smoke and Mirrors*. »Sei einfach kleinmütig damit beschäftigt, dir Sorgen um *dein* Auto zu machen, überlasse die größeren Dinge – wie Planet oder Profit – uns!«

Während die Konzerne sich ja in der Regel sehr gut selber schützen, ist überraschend, für was der Automobilsektor alles verantwortlich gemacht wird. Dies wirft die Frage auf, ob Big Oil in seiner letzten Phase des Festhaltens am Status quo möglicherweise die Autobranche als *Bauernopfer* ausspielt. ■ Jahrzehntelange öffentliche Diskussionen über die Übel von Pkw und immer neue Generationen von weiterhin recht nutzlosen Hybrid- oder Elektroautos ■ lenken doch sehr gut von den gewaltigen Veränderungen ab, die die *gesamte* Wirtschaft vornehmen muss.

Kipppunkte und Kaskadeneffekte

Kipppunkte und Kaskadeneffekte werden vom Weltklimarat nicht berücksichtigt. Insofern verständlich, weil sie a) nicht berechenbar sind und b) niemand die geringste Ahnung hat, wann einer der Kipppunkte erreicht wird – oder gar, ob wir bereits einen Punkt ohne Umkehr erreicht haben und es einfach nicht wissen. Die Gefahr besteht jedoch darin, dass ohne ihre Berücksichtigung alle Warnungen zu optimistisch und naiv bleiben.

Die wichtigsten Kippelemente sind:

- das Schmelzen des Sommereises im Arktischen Meer,
- das Schmelzen des grönländischen Eisschildes,
- Methanfreisetzung aus auftauenden Permafrostböden in der Arktis,
- Methanfreisetzung unter dem arktischen Meeresboden,
- Erwärmung der Ozeane und Schwächung ihrer Kohlenstoffaufnahme,
- Zusammenbruch des tropischen Regenwaldes,
- Schwächung der thermischen Zirkulation im Atlantik und damit des Golfstroms,
- Zerstörung von Korallenriffen. ■

Erstes Beispiel für einen Kipppunkt: Die Ozeane absorbieren etwa ein Drittel des vom Menschen freigesetzten CO_2. Dadurch entsteht Kohlensäure, die zu einer Versauerung der Ozeane führt. Der derzeitige Säuregehalt macht Meeresorganismen das Leben bereits schwer – wo doch gerade sie es sind, die Kohlenstoff binden (siehe S. 25 f). ■ Mit dem Verschwinden jeder kohlenstoffbindenden Algenpopulation verliert das Meer sein Potential, Kohlenstoff aufzunehmen. Der Feedbackzyklus ist: Wenn das Meeresleben abstirbt > versäuert das Meer noch schneller > es nimmt weniger CO_2 aus der Luft auf > der Planet wärmt sich schneller auf > wärmeres Wasser kann nicht so viel Kohlenstoff speichern wie kälteres Wasser, daher steigt die Sättigung > noch mehr Meereslebewesen sterben. Dies ist ein steiler, aber linearer Rückgang. Aber wir können nicht erwarten, dass er so linear (und damit mathematisch vorhersehbar) bleibt, denn irgendwo auf dem Weg wartet ein Kipppunkt, der den Zusammenbruch plötzlich auf Raketengeschwindigkeit bringen wird. Das wäre ein Kipppunkt, der das System selbst betrifft. Aber es gibt noch eine andere Ebene: Wenn das Meer vollständig gesättigt ist, wird es nicht nur *aufhören*, CO_2 aufzunehmen, sondern ein wärmeres

Meer wird auch anfangen, das bis dahin angesammelte CO_2 *freizusetzen*. Das wäre ein Kipppunkt mit globalen Auswirkungen, dann wird es keine Bremse mehr geben, die noch in menschlicher Reichweite wäre. Selbst wenn die Menschheit bereits aufgehört hätte, Kohlenstoff auszustoßen, würde der Planet in den *Hot State* übergehen.

Zweites Beispiel: Der Amazonas-Regenwald absorbiert immer noch etwa ein Fünftel des gesamten CO_2-Ausstoßes der Welt. Aber die Abholzung hört nicht auf. Die globale Erhitzung verursacht Dürren auch schon im Amazonasgebiet – interessanterweise sind sie in Regionen mit vielen Kahlschlägen am schlimmsten. Wassermangel hemmt das Pflanzenwachstum > weniger Wachstum bedeutet, dass weniger Kohlenstoff in die Pflanzenstrukturen eingebaut wird > weniger Kohlenstoffaufnahme durch den Wald führt zu mehr globaler Erhitzung > Erhitzung verursacht schwerere Dürren. Eine große Dürre traf 2005 ein Drittel des Amazonasgebiets, eine noch schlimmere 2010 die Hälfte des Amazonasgebiets.■

Wenn das Amazonas-Ökosystem zu stark fragmentiert wird, gibt es einen Kipppunkt, an dem diese gigantische globale Wasserpumpe einfach nicht mehr weitermachen wird. Innerhalb eines halben Jahrzehnts würde der Kontinent austrocknen. Artenverlust wie das Ausmaß an menschlichem Leid (und die Größe der Migrationskarawanen) wären unermesslich. Und der Zusammenbruch des Amazonas hätte auch interkontinentale Auswirkungen: Der Golfstrom könnte seinen Todesstoß erleiden, was Nordamerika noch schwerere Dürren und Europa eine beispiellose Kälte bescheren würde. Der tote Regenwald würde beginnen, den in seinem Wald gespeicherten Kohlenstoff, Millionen von Megatonnen, freizusetzen. Bei der derzeitigen Entwaldung wird geschätzt, dass der Tod des Amazonas nicht später als 2040 eintreten wird. Damit wird ein weiterer kaskadierender Kipppunkt eingeleitet, denn der Amazonas produziert ebenfalls über 20%

des freien Sauerstoffs der Welt. *Ohne den Amazonas-Regenwald wird die Welt 20 % weniger Sauerstoff haben.* Er wird von nichts und niemandem ersetzt werden. Aus der Erdgeschichte wissen wir, dass auch der Sauerstoffanteil der Luft das Klima prägt: »Als der Sauerstoffanteil sank, sank die Luftdichte, was wiederum die Luftfeuchtigkeit und damit die Niederschlagsmengen erhöhte und zu wärmeren Temperaturen führte.« ■ So werden wir einen weiteren zusätzlichen Feedback-Kreis erzeugen, der die globale Erhitzung beschleunigen wird. Und das überlassen wir wie ein Glücksspiel dem neuen brasilianischen Präsidenten, der ange- kündigt hat, den Wald für mehr Entwicklung zu öffnen! (Übrigens: Ein schnelleres Baumwachstum durch höhere CO_2-Werte in der Luft tritt entgegen manchen Erwartungen nicht auf, weil andere Faktoren der Erderhitzung schnell wachstumshemmend wirken, v. a. Wasserknappheit.) ■

Drittes Beispiel: das Arktische Meer. Der warme Golfstrom ist Teil der Atlantic Meridional Overturning Circulation (AMOC). Strö- mungen, die warmes atlantisches Wasser nach Norden zum Pol bringen, kühlen in der Arktis ab, sinken ab und kehren nach Süden zurück. Dieses System hat einen großen Einfluss auf das Klima der Nordhalbkugel. Mit der schnellen Erwärmung der Polarregion be- ginnen die AMOC träger zu werden – und mit ihr der Golfstrom. Die Erwärmung der Arktis könnte schließlich dazu führen, dass der Golfstrom aufhört, warnt der Ozeanograph Dr. Ira Leifer: »Die daraus resultierende schwerste Kälte, die Europa treffen würde, würde die europäische Landwirtschaft zerstören und wahrscheinlich zu einem massiven Überlebenskampf führen.« ■ Der Ozeanograph Peter Spooner (University College London und Universität Potsdam) ist ebenfalls besorgt: »Das Ausmaß der Veränderungen, die sich abzeichnen, [...] deutet auf signifikante Veränderungen in der Zukunft hin.« ■

Das letzte Beispiel: das arktische Methan. Ein Riese hat begonnen, sich unter den tauenden Permafrostböden im Polarkreis zu rühren. Seit einigen Jahren führen ungewöhnliche Wärme und Hitzewellen in Sibirien immer wieder zu lokalen, heftigen Explosionen von Methangas, das aus seinen unterirdischen Lagerstätten ausbricht. Insgesamt steigt der Methangehalt über dem Festland langsam an. Methan (CH_4) ist so bedeutsam, weil sein Treibhauspotential über 20mal größer ist als das von CO_2. Der »Zwilling« der Methanvorkommen auf dem Festland sind die Methanhydrat-Reservoirs unter den Meeresböden des Ostsibirischen Arktischen Schelfs (ESAS). ◼ Die sie bedeckenden geologischen Schichten sind seismisch und tektonisch instabil, Hohlschächte bieten dem Gas bereits Migrationswege. Das Wasser in diesen Gebieten ist nur 50 Meter tief, und die Eisdecke mit ihrer hohen Albedo verschwindet > das Wasser absorbiert mehr Sonnenlicht > die Wasserschichten erwärmen sich schneller als je zuvor. Außerdem sind Probebohrungen an der arktischen Küsten eine verantwortungslose Provokation dieser fragilen Kräfte und führen immer wieder zu Gasausbrüchen, besagt eine Studie von 2017 unter der Leitung von Natalia Shakhova vom International Arctic Research Center an der University Alaska Fairbanks. ◼ »Der derzeitige CH_4-Spiegel in der Atmosphäre liegt bei etwa 5 Gt (= 5 Mrd. t), während die CH_4-Menge unter dem ESAS auf Hunderte bis Tausende von Gt geschätzt wird. Es ist quasi nur 1 % dieser Menge erforderlich, um den Methangehalt der Luft zu verdoppeln. 1 % dieses Pools zu destabilisieren, erfordert keine großen Anstrengungen!« so Prof. Shakhova. »Es besteht das Risiko, dass dies geschieht.« Shakhova ist besorgt über den arktischen Schelf: »Es gefällt uns nicht, was wir sehen.« ◼ Das Ostsibirische Arktische Schelf (ESAS) könnte als die Achillesferse des globalen Klimasystems angesehen werden.

Was wird getan?

Der Stand der UN-Klimakonferenz (COP24 in Katowice, Dezember 2018) ist, dass sich die Nationen der Welt nun (das ist die gute

Nachricht) auf einheitliche Wege zur Schadensmessung und Datenerfassung geeinigt haben – aber auf keinen Handlungsweg! Der UN-Klimarat kann nur *empfehlen*, die Zerstörungen zu vermindern. Nichts ist rechtsverbindlich oder wird es sein.

Und vergessen Sie nicht, dass während die Regierungen treu an den regelmäßigen Klimakonferenzen teilnehmen (die Wähler zu Hause sehen gern den guten Willen), zahlen sie daheim immer noch Riesensummen an Subventionen für Öl und fossile Brennstoffe: Die Regierungen der G20 fördern die Erkundung von Ölvorkommen mit 71 Mrd. Euro pro Jahr. ■ Deshalb sollten wir mal die Geduld verlieren!

Zusammenfassung

Seit den frühen 2000ern wird oft das Jahr 2100 erwähnt. Es beruhigt alle (weshalb die Industrie es immer noch gerne benutzt), weil es so schön weit weg klingt. Das mag für vage Vorhersagen in den 90er Jahren akzeptabel gewesen sein, aber jetzt nicht mehr. Wann immer Sie diese Zahl noch in einem ökologischen Kontext hören (es sei denn, es geht um die Bevölkerungsgröße), verstehen Sie sie lieber als 2050.

Mit der aktuellen (Frühjahr 2019) Geschwindigkeit des Nicht-Handelns können wir die Erderhitzung keinesfalls auf 1,5°C begrenzen. Bereits 2018 hatten wir 1°C erreicht. Und das war auch kein gleichwertiger Anstieg seit 1950: Das letzte Drittel eines Grades (ab 0,7) schafften wir in nur vier Jahren. ■ Erwärmung von 2°C wird große Auswirkungen auf die Gesellschaften (Mensch, Tier und Pflanze) haben, wie es im IPCC-Bericht 2018 heißt. Eine darüber hinausgehende Erwärmung des Planeten würde eine »völlig andere Welt« schaffen, sagt z.B. Michael Oppenheimer, Klimawissenschaftler an der Princeton University. »Es wäre unbeschreiblich, es würde die Welt in Bezug auf das Klima auf den Kopf stellen. Es gäbe nichts Vergleichbares in der Geschichte der

Zivilisation.« *Ohne bis 2020 tiefgreifende Veränderungen vorzunehmen, ist eine Erwärmung von 3°C wahrscheinlicher.* ■ Selbst 4°C ist realistisch, so die Wissenschaftler der Eidgenössischen Technischen Hochschule Zürich. ■

Die sogenannte »Hothouse Earth«-Studie von Harvard besagt, dass es »ungewiss ist, wo genau eine potentielle planetarische Schwelle liegen könnte«. Bereits bei 2°C besteht die Gefahr, dass »wichtige Kippelemente aktiviert« werden, nämlich »innewohnende biogeophysikalische Feedbacks im Erdsystem«, die bereits 2030 zum unumkehrbaren *Hothouse Earth*-Zustand führen könnten. ■ Hothouse Earth wird oft als 5°C oder 6°C über dem vorindustriellen Niveau verstanden. Aber selbst 3°C werden höchstwahrscheinlich den Zusammenbruch der meisten regionalen Wettersysteme wie den Monsun und den Golfstrom einleiten > was zu epischen Ernteausfällen führt > zum Kollaps des globalen Nahrungsmittelsystems > Verlust der Zivilisation, wie wir sie kennen. Und selbst 1,5°C könnten ausreichen, um ein ernsthaftes »Rülpsen« des Methans aus dem Eismeer zu verursachen.

Letztendlich gibt es niemanden, der garantieren könnte, dass selbst 1,1°C nicht schon zum Ausbruch des Methanriesen aus dem Eismeer führen könnten. Eine Kaskade von globalen Kipppunkten, die von nur 1% des arktischen Methans ausgelöst werden, könnte den Planeten in das Hothouse verwandeln und alles Leben innerhalb eines Jahrzehnts auslöschen (außer einigen Bakterien). Wenn wir die CO_2-Emissionen, die Pestizide, den Verlust von Lebensräumen und der Artenvielfalt nicht bis 2020 oder die frühen 2020er drastisch reduzieren, wird die Welt, wie wir sie kennen, wahrscheinlich bis 2030 zerfallen. Daher sagt der IPCC, wir hätten noch *ein* Jahrzehnt. Wie wird es nach dem Zerfall des Amazonas um 2040? In einem Europa ohne Golfstrom und Landbau? In welchen Teilen der Welt werden Menschen womöglich Opfer eines MME ■ (siehe S. 67). Und warum überhaupt sollten wir auch nur in die Nähe von Antworten auf solche Fragen gehen? 141

Hätten wir nicht schon längst das *Vorsorgeprinzip* anwenden und die Notbremse ziehen sollen?

Myla (10)

Aber wir machen weiter, immerzu der glänzenden, baumelnden Karotte hinterher, die »Fortschritt« genannt wird. Warum gehen wir so weit, mit verbundenen Augen auf einem Seil? Wir haben alle technologischen und logistischen Mittel – *noch immer,* gerade noch – um diesen Amok-Zug vor der Klippe abzubremsen – und an der Weiche das andere Gleis zu nehmen. *Es gibt eine so schöne, würdevolle Zukunft auf einem glücklichen Planeten, die auf uns und alle Wesen wartet – auch sie ist potentiell da!* Es scheint, dass das Kernproblem nicht der Starrsinn der Industrie oder eine vermeintliche »Bösartigkeit« der wenigen ist, die sie kontrollieren, sondern die zugrundeliegenden Werte, an denen wir alle festhalten. Das Problem ist im Kopf. In jedem.

Teil III

THE HUMAN INTERFACE

Die menschliche Schnittstelle

15. Warum so wenig
so langsam geschieht

Leala (5)

Die gegenwärtige Ära, wie der Harvard-Biologe E. O. Wilson uns in Erinnerung ruft, wird nicht wegen ihrer Kriege oder ihres technologischen Fortschritts in Erinnerung bleiben, sondern als die Zeit, in der Männer und Frauen herumstanden und die Zerstörung der lebendigen Welt entweder passiv geduldet oder aktiv dabei mitgewirkt haben. ■

Alle Elemente der Gesellschaft halten an den alten Paradigmen fest, vor allem an der Vorstellung, dass nur endloses Wirtschaftswachstum der Garant für alles sei. Nur so könnten wir es uns »leisten«, das Klima und die Welt zu retten und allen Menschen Wohlstand und Demokratie zu bringen. Jedes Kind kann verstehen, dass *unbegrenztes* Wachstum (der Wirtschaft, der Bevölkerung, des Konsums) **auf einem** *begrenzten* **Planeten nicht möglich ist**, dennoch bleibt der quasi-religiöse Glaube an endloses Wachstum ungebrochen.

Die Menschheit ist völlig abhängig von der Biosphäre und zerstört sie dennoch. »Wir sind weit über jegliche ökologisch nachhaltigen Grenzen hinaus«, sagen die Umweltwissenschaftler Haydn Washington und Helen Kopnina im *The Ecological Citizen*. »Wir ruinieren die Natur und vertilgen Vergangenheit, Gegenwart und Zukunft unserer Biosphäre.« ■ Wir wollen so viel für uns selbst, dass wir anderen ganz imperialistisch ihre Bedürfnisse, ja

143

sogar ihr Recht auf Leben, verwehren – nicht nur unseren Mitgeschöpfen, sondern auch unseren eigenen Kindern und zukünftigen Generationen, denen wir keine Zukunft lassen.

Seit Jahrzehnten wird grenzenloses Wachstum ganz unrealistisch als die Heilung all unserer sozialen Probleme angesehen: Armut, Arbeitslosigkeit, Schuldenrückzahlung usw. Aber langsam wird das falsche Versprechen offensichtlich. Seine Absurdität hatte der Politologe André Gorz längst vorhergesagt. Er wies bereits 1974 darauf hin, dass »die Idee, dass Wachstum die Ungleichheit verringert, eine falsche ist.« ■ Im Gegenteil, »das Wirtschaftswachstum, das den Wohlstand und das Wohlergehen aller gewährleisten sollte, hat schneller Bedürfnisse geschaffen, als es sie befriedigen konnte«. In den letzten Jahrzehnten hat die Welt zweifellos ein unglaubliches Wachstum und technologischen Fortschritt erlebt, ist aber weiter als je zuvor von sozialer Gleichheit entfernt. ■ Der »Fortschritt« bringt zwar Reichtum, aber nur einer immer kleineren Minderheit: 2006 besaßen das reichste 1% der Menschen 40% des gesamten Reichtums der Welt, zwölf Jahre später gehörte dem reichsten 1% gar 82% des gesamten Reichtums. ■ Im Jahr 2014 waren die 85 reichsten Menschen der Welt so reich wie die ärmere Hälfte der Menschheit, vier Jahre später besaßen nur acht Männer so viel wie die ärmere Hälfte. ■ Es ist inzwischen leicht zu sehen, wie der Begriff »wachsen« selbst entartet ist; »wir haben seine ursprüngliche Bedeutung vergessen: aufkeimen und sich zur Reife entwickeln…« ■ In der Natur weicht das Wachstum einem stabilen Zustand der Reife.

Aber alle westlichen Gesellschaften spielen mit. Wachstum beruht auf »der Dynamik ständig wachsender und frustrierter Bedürfnisse […] und dem Wettbewerb, den es institutionalisiert, indem es jeden einzelnen dazu anregt, sich ›über alle anderen‹ zu erheben«. ■ Das Bedürfnis nach sofortiger Befriedigung wird stimuliert, daher will niemand etwas über den traurigen Zustand des Planeten hören. Wir sehen weg von dem Elend aller nichtmenschlichen Kreaturen, die wir für unseren Konsumhunger opfern, und verlagern unser Empfindungsleben lieber in die elektronische Welt, die sich uns immer wieder aufdrängt.

So, wie es ist, schlafwandelt die Weltbevölkerung. Als die Mainstream-Medien im Herbst 2017 schließlich erklärten, dass auf absehbare Zeit alles Wasser mit Mikroplastik verseucht sein wird, was passierte da? Nichts. Stille. Zu jeder Zeit in der Geschichte, wenn ein Fremder in ein Dorf gekommen wäre und den Brunnen vergiftet hätte, wäre er schwer bestraft worden. Aber heutzutage, wenn Sie der Manager eines Konzerns sind, der dabei ist, *alles Wasser* der Erde zu vergiften, müssen Sie nicht für Ihre Taten Rechenschaft ablegen, sondern können damit rechnen, als ein Minister ins Weißen Haus gerufen zu werden. Als der verheerende Plastikskandal aufgedeckt wurde, war die erste Reaktion der deutschen Umweltministerin, dass sie keine Maßnahmen auf nationaler Ebene erwäge, weil die EU bald über eine Plastik-Gesetzgebung nachdenken würde; und außerdem würde die Industrie die Plastikproduktion *nicht ändern wollen*, weil sie gerade Milliarden in riesige neue Fabriken investiert habe (siehe S. 72). Was für eine Logik ist das?!? Ein Verbrechen ist kein Verbrechen, weil der Täter schon das nächste vorbereitet? Oh, wir werden den Völkermord nicht stoppen, weil der Diktator gerade in neue Waffen investiert hat. Und wir werden auch den Ökozid nicht stoppen, weil die neuen Kunststoffwerke 10 Milliarden Dollar gekostet haben. So schnell kann »Realpolitik« in Mittäterschaft übergehen.

Wie können wir von Politikern erwarten, dass sie Umweltmaßnahmen ergreifen, die die Unternehmen und die Bevölkerung »belasten«, wenn sie für die nächste Amtszeit wiedergewählt werden wollen? Ist es eine Überraschung, dass jeder einzelne Politiker die unpopulären Themen den Nachfolgern überlässt? *Das politische System ist nicht für eine Aufgabe wie die anstehende konzipiert.* Es ist wie der Satz eines Parlamentariers, der sagt: »Wir wissen, wie man den Klimawandel abwendet, wir wissen aber nicht, wie man die Wahl danach gewinnt.« ■

In der Woche des 8. Oktober, als der IPCC seine schreckliche Warnung an die Menschheit veröffentlichte, spiegelte sich die Dringlichkeit zumindest in der *Washington Post*, der *New York Times* und dem *Guardian* wider. Letzterer veröffentlichte jeden Tag sechs bis zehn große Klimaartikel (!) mit Schlagzeilen wie »Unsere Führer zerstören unsere Zukunft«. Die *Times* hat allein an den ersten beiden Tagen 24 große Klimaartikel veröffentlicht (die über den andauernden Hurrikan nicht mitgerechnet), mit angebracht drastischen Headlines wie »UN-Bericht über die globale Erwärmung bringt Lebe-oder-Stirb-Warnung« und »Aufgewacht, Weltführer – Der Alarm ist ohrenbetäubend«. ■ Die *Post* war ebenso freimütig, z.B. mit dem Artikel: »Die Welt hat knapp über ein Jahrzehnt, um den Klimawandel unter Kontrolle zu bringen, sagen UN-Wissenschaftler.« Er beginnt mit diesen Worten: »Die Welt steht am Rande des Scheiterns, wenn es darum geht, die globale Erwärmung auf einem moderaten Niveau zu halten, und die Nationen werden ›beispiellose‹ Maßnahmen ergreifen müssen, um ihre CO_2-Emissionen in den nächsten zehn Jahren zu senken.« ■

Aber das ist nicht typisch für die Medien-Welt. Im »gut informierten« Deutschland zum Beispiel veröffentlichten die wichtigsten Publikationen jener Woche online gerade mal einen einzigen Artikel, wenn überhaupt, und in sehr abgeschwächtem Ton. Dazu erschien das Thema selten auf der Startseite, geschweige denn ganz oben. ■ Wie jahraus jahrein ging es in Deutschland um die Nabelschau (in jenem Herbst Merkel-Seehofer). Da war die »Bild« Hamburg vom 8. Oktober eigentlich noch am konsequentesten, sie titelte: »TV-Nonne nackt in der Verkehrskontrolle.« Aber auch die anspruchsvolleren Medien haben begonnen, Unterhaltung mit Nachrichten zu verwechseln. ■ Wer sind die verantwortlichen Redakteure, die *vorab* entscheiden, woran die Öffentlichkeit interessiert sein wird? Hat z.B. je ein deutschsprachiges Nachrichtenmedium berichtet, dass 2017 weltweit 207 Umweltschützer ermordet wurden – die höchste Zahl aller Zeiten? ■ Die meisten von ihnen Indigene, die das Land verteidigten, das sie liebten.

Was kann ich tun?

- Schreiben Sie Leserbriefe an Ihre nationalen und regionalen Medien und bitten Sie sie, mutiger zu sein und Verantwortung zu übernehmen.
- Schreiben Sie auch an Ihre lokalen Abgeordneten über Naturschutz und die Zersetzung der Biosphäre.
- Sie werden es wahrscheinlich nicht tun. Fragen Sie sich einfach mal ehrlich, warum nicht (und lesen Sie den nächsten Abschnitt).

Der amerikanische Philosoph Timothy Morton prägte den Begriff *Hyperobjekte* für Phänomene, die für uns zu groß sind, als dass wir sie verstehen könnten oder wollten. Der Kapitalismus ist ein solches, mit scheinbar keinem Außen, wie also sollte es ohne ihn gehen? Wie der Theoretiker Fredric Jameson sagte, fällt es den meisten Menschen leichter, sich das Ende der Welt vorzustellen als das Ende des Kapitalismus. ■ Und Klimazerrüttung ist ein weiteres Hyperobjekt. Es ist zu komplex, und es gibt keine sofortige Befriedigung, wenn man es versteht. Und wir kapitulieren: »Ich bin machtlos, nicht wahr? Lass die da oben sich mit dem Problem befassen. Es wird eine Technologie auftauchen, um den

147

Planeten zu retten.« Aber, wissen Sie was? Wir sind *nicht* machtlos. Und an der Spitze will sich auch niemand mit dem Problem befassen. Und wir haben bereits genug Technik, sind aber nicht in der Lage, sie verantwortungsvoll zu nutzen. Die Hoffnung, dass etwas oder jemand kommt, um die Arbeit für uns zu erledigen, ist rein *magisches Denken*.

So verharrt die Gegenwart »in Destruktion, Fatalismus und Apathie«,■ während die Grundlagen des Lebens auf der Erde sich schnell und dramatisch verändern. Ohne dies kann man auch das »panische Verlangen nach einer Rückkehr zu den früheren Schutzmaßnahmen des Nationalstaats – was, sehr zu Unrecht, als ›Aufstieg des Populismus‹ bezeichnet wird – nicht verstehen«, schreibt der französische Philosoph Bruno Latour in seinem »Terrestrischen Manifest«.■ Das Phänomen des »Wutbürgers« hängt auch hiermit zusammen. Wie so oft in der Weltgeschichte richtet sich die tiefe Angst stellvertretend gegen Sündenböcke. Doch weder die Einteilung in Ethnien, in Reaktionäre und Progressive noch die in Linke und Rechte ergeben noch Sinn. Und auch die immer wiederholte Taktik, Naturschutz gegen Arbeitsplätze und »Fortschritt« auszuspielen, ist obsolet geworden. Wir müssen Natur und Kultur in Einklang bringen. Denn niemand kann mit der Natur streiten, sie ist nicht verhandelbar.

Angst und Verleugnung

Die allgemeine Befürchtung ist, dass ohne Wachstum die Wirtschaft stagnieren und die Arbeitslosigkeit steigen wird. Aber die *Vorstellung*, dass Wirtschaftswachstum und Beschäftigung gekoppelt sein müssen, »ist erst vor 60 Jahren entstanden, und über den größten Teil der Menschheitsgeschichte gab es Arbeitsplätze ohne Wirtschaftswachstum … [Es] ist möglich, Szenarien zu entwickeln, in denen Vollbeschäftigung herrscht, Armut beseitigt ist, die Menschen mehr Freizeit haben und Treibhausgase drastisch reduziert sind, und zwar im Zusammenhang mit einem niedrigen – und letztlich keinem – Wirtschaftswachstum. Es ist daher falsch anzunehmen, dass Wirtschaftswachstum eine Notwendigkeit für Vollbeschäftigung ist«, sagen Haydn Washington und Helen Kopnina in einem wegweisenden Artikel. Und sie warnen uns: »Sobald wir die ökologischen Grenzen überschritten haben, wird es uns durch Wachstum schlechter ergehen. Wir haben dann ein *unwirtschaftliches* Wachstum erreicht.«

Aber Ängste stecken immer noch überall. Und wie Psychologen uns sagen: Wenn Angst unterbewusst bleibt, oder wenn sie Maßnahmen erfordern würde, wir aber passiv bleiben, können alle möglichen Arten unausgewogenen erratischen Verhaltens ausbrechen. Wir müssen uns unseren Dämonen stellen!

Der Drache donnert hinter mir –
sein Atem versengt meinen Rücken.
Wenn ich mich umdrehe, könnte ich ihn zähmen…
Wenn ich weglaufe, wird mein Rücken für immer brennen.

Gabriel Millar

Jedoch gibt es eine bemerkenswerte menschliche Fähigkeit, Ängste und schlechtes Gewissen zu ertragen: *Wir können unsere Probleme leugnen!* Als Gesellschaft sind wir in der Lage, »so zu handeln, als gäbe es keine ökologische Krise, egal was die Wissenschaft sagt«. Das bröckelt zwar jetzt an den Rändern, aber es war das vorherrschende Spiel der letzten fünf Jahrzehnte. Der Umweltwissenschaftler Dana Nuccitelli beschreibt fünf Stufen des modernen Ausbruchs der weltweiten Klima-Leugnung:

Stufe 1: Man leugnet, dass das Problem existiert.

Stufe 2: Man leugnet, dass wir die Ursache sind.

Stufe 3: Man streitet ab, dass es ein Problem ist.

Stufe 4: Man streitet ab, dass wir es lösen können.

Stufe 5: Es ist sowieso zu spät.

Im Herbst 2018 wurde deutlich, dass die Trump-Regierung die Stufe 5 erreicht hat. Die Umweltverträglichkeitserklärung (Environmental Impact Statement, EIS), die dem Weißen Haus überreicht wurde, besagt, dass die Welt, wenn sie so wie jetzt weitermacht, auf nicht weniger als 4°C Erhitzung zusteuert. Nun musste Trump die Klimazerrüttung zugeben! Aber seine Regierung verkündete, dennoch Obamas CO_2-Regulierungsprogramm zu kippen, weil es »sowieso zu spät sei«. ▪

Trump ist jedoch keine Ursache, er ist nur ein Symptom unserer Zeit. *Wir alle* sind in die Leugnung (*Denial*) verstrickt. Darum müssen wir uns erst einmal kritisch selbst betrachten. *Denial wird von ökologischen Denkern als die größte einzelne Ursache für den möglichen Untergang der Menschheit bezeichnet.* Es ist die größte Hürde, vor der wir stehen. Und um sie zu entwurzeln, müssen wir an den schrecklichsten Ort der Welt gehen: die menschliche Psyche.

Sie sehnen sich nach schmerzfreier Immunität
Himmel auf Erden
in ihren schizoiden Festungen.

Jay Ramsay

Kollektiv bleiben wir im Kindergarten. Und spielen »Stille Post«. Verzerrt durch den Widerstand gegen Veränderungen, durch tiefe unbewusste Ängste und die Fähigkeit zur Leugnung, verhält sich die gesellschaftliche Kommunikation über Klima- und Biosphärenzerstörung wie ein positiver Feedback-Zyklus, der die Dinge hinauszögert und dadurch verschlimmert: Der Klimakollaps hat begonnen > Regierungen spielen ihre Klimaberichte herunter und senden geschönte Daten > der IPCC will es den Regierungen (seinen Auftraggebern) recht machen und nicht zu »alarmierend« sein, so dass er viele der wissenschaftlichen Warnungen ignoriert und der veröffentlichte Bericht die »ausgewogene Mitte« darstellt

> die Medien wollen auch nicht als »Panikmacher« dastehen und

spielen die Ergebnisse noch weiter herunter > die meisten Bürger-Innen wollen die schlechten Nachrichten tatsächlich gar nicht hören und bleiben in einem wundersamen Zustand in Wolken-kuckucksheim, in dem sie kaum etwas für die Zukunft ihrer Kinder verlangen > ohne ernste Klima-Unruhe in der Öffentlichkeit können die Medien weiterhin über nackte Fernseh-Nonnen berichten und den Realitätsmangel der Gesellschaft weiter fördern > Regierungen wissen immer noch nicht, wie sie die Konzerngiganten regulieren sollen, jedenfalls nicht ohne Unterstützung durch die Bevölkerung (die aber apathisch bleibt) > nichts zu unternehmen erhöht den anhaltenden Zusammenbruch der Lebenserhaltungssysteme der Erde.

Wo könnten wir eine gegenläufige Rückkopplung einfügen, um diese Spirale zu unterbrechen?

Die Erhebung

Vieles geschieht bereits, obwohl die meisten Menschen nie davon hören – was die Aktionen und Initiativen kleiner hält, als es gut wäre. Aber die Nachrichten verbreiten sich, mehr über Social Media als über die etablierten Medien. Einige Beispiele für positive Veränderungen:

· Der Hauptautor der Hothouse Earth Studie, gefragt, welche wirksamen Klima-Maßnahmen seiner Meinung nach notwendig seien, sagte, was alle Menschen, die sich ernsthaft mit dem Klima und der Biosphäre befassen, sagen: Die Erde müsse raus aus dem kapitalistischen Narrativ von Konkurrenz und Wachstum, raus aus der »neoliberalen Ökonomie«. Und die nötige Vehemenz dafür sei die einer Kriegswirtschaft – d.h. der industrialisierte Norden müsse so konsequent sein wie in Kriegszeiten.■

· Im Oktober 2017 kündigte Los Angeles als erste Stadt der Welt eine Klimamobilisierung mit »Weltkriegsökonomie« an, um bis 2025 ein klimaneutrales Los Angeles zu erreichen. ■

- Im Oktober 2018 unterzeichnete die Europaabgeordnete Molly Scott Cato zusammen mit mehr als neunzig Akademikern eine Erklärung ■ an die britische Regierung, in der sie forderte, »ihren Bürgern die harte Wahrheit zu sagen« und »dringend einen glaubwürdigen Plan für eine rasche und vollständige Dekarbonisierung der Wirtschaft zu entwickeln«. – »Wenn eine Regierung vorsätzlich ihre Verantwortung, ihre Bürger vor Schaden zu schützen und die Zukunft für kommende Generationen zu sichern, aufgibt, ist sie ihrer wichtigsten Pflicht zur Führung nicht nachgekommen. Der ›Gesellschaftsvertrag‹ ist gebrochen worden, und deshalb ist es […] unsere moralische Pflicht, zu rebellieren, um das Leben selbst zu verteidigen.« So erklärten die Unterzeichnenden ihre Unterstützung für die Londoner Initiative **Extinction Rebellion**. ■

- Im Dezember 2017 erfolgte die »World Scientists' Warning to Humanity: Eine zweite Mitteilung« mit 15.364 Unterschriften von Wissenschaftlern aus 184 Ländern. ■ Da sich alle Einschätzungen der ersten Warnung von 1992 verwirklicht haben, teils schlimmer als vorhergesagt, ist die erneuerte Erklärung von 2017 dringlicher denn je. Kathleen Dean Moore von der Oregon State University: »Die nächsten paar Jahre werden die wichtigsten Jahre in der Geschichte der Menschheit sein.«

- Nach dem heißesten Sommer Schwedens beschloss die 15jährige **Greta Thunberg**, in den Schulstreik zu treten und vor dem schwedischen Parlament zu protestieren. »Ich möchte, dass die Politiker […] sich auf das Klima konzentrieren und es wie eine Krise behandeln«, sagt sie. Nach zwei einsamen Wochen auf dem Kopfsteinpflaster begannen im September immer mehr Menschen, sich ihrem Protest anzuschließen. Im Dezember wurde sie eingeladen, auf der UN-Klimakonferenz zu sprechen. Ein Muss: YouTube: »Greta Thunbergs COP24-Rede in Katowice 2018«. ■

- Am Freitag, den 30. November 2018, folgten Tausende von Schulkindern in ganz Australien den Schulstreiks »Strike 4 Climate Action«, die dann jeden Freitag bis zum Ende der COP24-Klimakonferenz in Polen wiederholt wurden. Inspiration war Greta Thunberg im fernen Schweden. Die Schüler trugen sehr inspirierte Demo-Plakate, etwa: »Why study science, our governments have stopped listening«, »There is no Planet B«, »Make Earth great again«, und »I've seen smarter cabinets at Ikea.«■

  Interview-Kommentare waren ebenso erfrischend, so sagte eine 11jährige: »Wenn Kinder Unordnung machen, sagen uns Erwachsene, wir sollen aufräumen, und das ist gerecht. Aber wenn unsere Landesführer Unordnung machen, überlassen sie es uns, aufzuräumen.« Und ein 17jähriger: »Wenn [der Premierminister] Scott Morrison will, dass Kinder aufhören, sich wie ein Parlament zu verhalten, dann sollte das Parlament vielleicht aufhören, sich wie Kinder zu verhalten.«■ Bis zum 4. Dezember waren über 20.000 Schüler in 270 Städten auf der ganzen Welt (darunter Australien, Großbritannien, Belgien, die USA und Japan) an den Klima-Schulstreiks beteiligt.■ In Wolkenkuckucks-Deutschland hörte man nichts von alledem. Bild, Handelsblatt, Welt, Spiegel & Co. entdeckten erst am Sonntag *nach* der Klimakonferenz Greta Thunberg und die weltweiten Schulstreiks – nun, da alles vorbei war!■ ·

- Auch die deutsche 23jährige Journalistin Lena Puttfarcken erkennt, dass die Entscheidungsträger keine ernsthaften Anzeichen erkennen lassen, ihrer Verantwortung gerecht zu werden: »Lobbyisten, Politiker, Industrielle: Ihnen allen war das Wirtschaftswachstum wichtiger als der Klimaschutz. Dank ihnen sind junge Menschen wie ich in einer Welt aufgewachsen, in der wir nur noch Schadensbegrenzung betreiben können. Sie haben das Weltklima unumkehrbar verändert, bevor ich überhaupt geboren wurde.« Und sie kommt zu dem Schluss:

»Wir müssen radikal Emissionen senken, durch einen schnellen Kohleausstieg und eine massive Begrenzung des CO_2-Ausstoßes. Wenn das nicht passiert, müssen wir laut werden. Und mit ›wir‹ meine ich all die Kinder, die in eine Welt geboren wurden, die andere kaputtgemacht haben. Wir müssen uns in Parteien und Organisationen für den Klimaschutz einsetzen, Petitionen unterschreiben, Demonstrationen organisieren und mit anderen über den Klimawandel reden. Reden, reden, reden. Und wenn unsere Eltern Politiker, Lobbyisten und Industrielle sind, erst recht. Die Politik wird sich nicht von allein verändern, sondern nur durch Menschen, die sich einbringen. Wir müssen unser Recht einfordern auf eine Welt, in der wir und unsere Kinder noch gut leben können. Dafür müssen wir kämpfen.« ■

In den letzten fünfzig Jahren haben wir weggeschaut, während der »Ast, auf dem wir sitzen« abgesägt wurde. Jetzt hängt die Zivilisation an einem seidenen Faden. Die Spinne, die wir Mutter Natur nennen, könnte einen neuen und weitere weben, bis sie das Netz des Lebens wieder stark gemacht hat. Und wir könnten wieder ein Teil davon sein, falls wir endlich unseren Platz *innerhalb* des »großen organischen Ganzen« finden.

Was kann ich tun?

- Es gibt ein Sprichwort, das lautet: »Lebe, wie du, wenn du stirbst, wünschen wirst, gelebt zu haben.« Denken Sie an all die Kinder und Jugendlichen, von Menschen und den anderen Arten, die ein Leben auf einem gesunden Planeten verdient haben. Was können Sie für sie tun?

- Wenn Sie sich bei zivilem Ungehorsam ein wenig unsicher sind, denken Sie an die Worte des Philosophen Jürgen Habermas: »Jede rechtsstaatliche Demokratie, die sich ihrer selbst sicher ist, betrachtet den zivilen Ungehorsam als notwendigen Bestandteil ihrer politischen Kultur.« ■

Blossom (3)

16. Anthropozentrismus

Anthropozentrismus (griech. *anthropos*, »Mensch«) sieht die Menschheit als zentral für das Universum an. Der Glaube, dass der Mensch das wichtigste Wesen im Kosmos sei, stellt auch eine feste Grundlage für das Konzept der menschlichen Überlegenheit dar. Der Anthropozentrismus interpretiert die Welt durch menschliche Werte und Erfahrungen. Er führt zur Degradierung der gesamten Ökosphäre, die ihren innewohnenden Wert, ihre Schönheit, Würde und Heiligkeit verliert, nur um Rohstoffe für die menschliche Verwertung zu liefern. Der Mensch hält sich für derart wichtig und zentral, dass er sich vom »Rest« der Erde als getrennt sieht und demzufolge von »Um«-welt spricht – ein Begriff, der immer auf das zentrale höchste Wesen verweist, das eben der Mensch sei.

Ökologische Denker und Philosophen sind sich einig, dass **der Anthropozentrismus die Hauptursache für den globalen ökologischen Zusammenbruch ist**.

Die Befreiung vom Anthropozentrismus hat das Potential, soziale und ökologische Gruppen und Bewegungen zu vereinen. Sowohl die Degradierung der Ökosphäre als auch die sozialen Ungleichheiten (aufgrund von Geschlecht, Hautfarbe, Alter, Behinderung usw.) beruhen auf der zugrundeliegenden Akzeptanz des ungerechten Verbrauchs, Missbrauchs und der Auszehrung der Lebenskraft anderer Wesen zum persönlichen Vorteil.

Anthropozentrismus gibt es in zwei Hauptformen: religiös und weltlich. Im religiösen Anthropozentrismus existiert das Universum nur als eine Bühne, auf der das Drama des Falles und der Erlösung der Menschheit spielt, und »wenn dieses Drama vorbei ist, kann von Gott erwartet werden, dass er das Universum, wie wir es kennen, verschwinden lässt und durch eines ersetzt, das der Menschheit besser gefällt«, fasst der Autor J.M. Greer zusammen. ■ Im weltlichen Anthropozentrismus existiert das Universum für den Gläubigen des Fortschritts »nur als eine Bühne, auf der das ganz andere Drama der Eroberung der Natur durch die Menschheit aufgeführt werden soll, und die Auswechselung des Universums, wie wir es kennen, durch ein unseren Launen untergeordnetes Universum soll durch Wissenschaft und Technik erfolgen«. Dies würde jedoch voraussetzen, dass die begrenzte geistige Kapazität des Menschen ausreichen würde, um die Natur des Universums zu verstehen, das wiederum war jedoch »nie mehr als ein Akt des Glaubens«. Am Ende ist der Glaube an den Fortschritt eine Ersatzreligion, die ebenso Erlösung verspricht, nur auf eine etwas andere Weise.

Bei aller verursachten Zerstörung hatten beide Formen des Anthropozentrismus dennoch einmal einen lebensbejahenden Aspekt. Als der sakuläre Anthopozentrismus im Zeitalter der Aufklärung geboren wurde, war er ein kreativer Ausweg aus den schrecklichen Religionskriegen zwischen Katholiken und Lutheranern. In der Aufklärung stellte man sich vor, dass man ohne Unterschied »jeden Menschen von den Höhlen zu den Sternen emporheben könne«. Und der religiöse Anthopozentrismus, in seiner Frühzeit in der Antike, transzendierte die »Wir-gegen-die-anderen«-Mentalität einzelner ethnischer Gruppen und schuf eine gemeinsame Basis für alle Mitglieder der menschlichen Spezies. Dennoch ist der Ethnozentrismus (»Stammesbewusstsein«) nie ganz verschwunden und bricht heute in allen Ecken der Welt aus – so primitiv und grob wie eh und je.

Darüber hinaus ist das anthropozentrische Zeitalter von starken Hierarchien geprägt: Wir mögen alle Menschen sein, aber weiß ist besser als farbig, männlich besser als weiblich, hetero besser als homo. All diese Formen der Geisteskrankheit sind nie verschwunden. Aber eines ist sicher: Sie sind inzwischen völlig veraltet.

Es ist höchste Zeit für einen neuen historischen Bewusstseinssprung: in eine neue Art und Weise, unser Dasein auf der Erde als Teil des Ganzen zu verstehen. Der Homo sapiens bereitet sich auf den Schritt »vom Eroberer der Landgemeinschaft zum einfachen Mitglied und Bürger derselben« vor, wie Aldo Leopold sagte. ■ Alle Wesen – Menschen und Nicht-Menschen! – sind Erdenbürger, mit gleichen Rechten, den Planeten zu bewohnen und ein erfülltes, glückliches Leben zu führen. Diese Sichtweise der Existenz wird als Ökozentrismus bezeichnet (siehe nächstes Kapitel). Der Übergang von der Mensch- zur Erd-Zentriertheit löst natürlich ängstliche Widerstände aus. Aber wie Stan Rowe, der große ökologische Vordenker, sagt: »Vor ein paar Hundert Jahren gaben die westlichen Menschen mit Widerwillen zu, dass die Planeten, die Sonne und die Sterne nicht um ihren Aufenthaltsort kreisten.« ■ Das Loslassen des Anthropozentrismus bedeutet, eine dicke Schicht aus Überheblichkeit und Größenwahn hinter uns zu lassen.

Und diese Veränderung der Wahrnehmung und des Herzens ist sehr dringend, nicht nur wegen des Weltklimas und des Biosphärenzerfalls. Zum einen war der »Umwelt«schutz der letzten

50 Jahre nicht in der Lage, das Gesamtsystem und seinen hartnäckigen Kurs auf das Massensterben aufzuhalten. Alles blieb stückweise Erste Hilfe bei lokalen Symptomen oder beschränkt auf die Buchführung und Dokumentation der großen Zerstörung. Und warum? Weil die meisten »Umwelt«-Bemühungen, selbst mit den besten Absichten, immer noch anthropozentrisch geprägt sind. So versteht die Mehrzahl der »Umwelt«-Institutionen und -Organisationen den Naturschutz überwiegend und primär als Dienst für *uns* und nicht für die gesamte Ökosphäre. Und auch die »Ziele für nachhaltige Entwicklung ab 2016« der UN ■ sind grundsätzlich anthropozentrisch und nicht erdbezogen. In den letzten Jahren drückt sich dieses alte Paradigma besonders in dem Konzept der »Ökosystem-Dienstleistungen« aus: Alles in der Natur erhält ein Preisschild ■ – je nachdem, was es *uns* wert ist, und es kann (wie CO_2-Zertifikate) gehandelt und verkauft werden. ■

Und zweitens ist es dringend, weil das derzeitige System völlig unethisch, brutal, mörderisch und »moralisch bankrott« ■ ist und nicht eine Minute länger aufrechterhalten werden sollte. Um das tiefer zu erfassen, müssen wir uns noch einmal dem Drachen stellen und auf die dunkle Seite unserer »Zivilisation« schauen, die wir nie sehen wollten. Aber: Die Begegnung mit unserem Schatten macht uns demütiger und gibt uns gleichzeitig ein völlig neues Gefühl von Kraft, das auf Authentizität und Ehrlichkeit gründet. Wir brauchen all diese Eigenschaften, wenn wir für eine gute Zukunft der gesamten Erde wirken wollen.

Wétiko

1979 veröffentlichte der indianische Gelehrte und Aktivist Jack D. Forbes ■ eine radikale Kritik der westlichen Zivilisation, die zu einem Gründungstext des American Indian Movement (AIM) wurde. Seine Geschichte von Terrorismus, Völkermord und Ökozid nannte er provokativ »Kolumbus und andere Kannibalen«. ■

Als Christoph Kolumbus die Westindischen Inseln erreichte, fand er ein Volk vor, das sich völlig von den Europäern unterschied. Sie waren so friedlich, vertrauensvoll und gastfreundlich, dass die Spanier sie Indios nannten, *in Dios*, »in Gott«. Auch Kolumbus sang ihr Lob in einem Brief an die spanische Krone: »Von allem, was sie haben, wenn sie gefragt werden, sagen sie nie nein, sondern laden die Person geradezu ein, es anzunehmen, und zeigen so viel Liebe, als ob sie ihre Herzen geben würden… Und sie kennen weder Sekte noch Götzendienst; glauben aber, dass Macht und Güte am Himmel sind…« Aber in demselben Brief fährt er fort: »Sobald ich auf Inseln angekommen bin, habe ich einige von ihnen gewaltsam mitgenommen.... Ihre[spanischen] Hoheiten mögen sehen, dass ich ihr [der spanische Krone] Sklaven geben werde... so viele, wie sie befehlen sollen, geschickt zu bekommen…« ◾ Kolumbus machte damit weiter, Tausende der »liebenden« Menschen nach Europa und Afrika zu verschiffen, um Profit zu erzielen. Und dieser schizophrene Sklaventreiber und Menschengroßhändler, den wir Kolumbus nennen, war nur der Anfang: In den folgenden zweihundert Jahren sollte Amerika über 90 % seiner Bevölkerung, d. h. *130 Millionen Menschen*, durch Sklaverei, Völkermord und importierte Krankheiten verlieren. ◾

Was Forbes' Werk jedoch aufzeigt, ist die *Denkweise* des »Weißen Mannes«, die es ihm ermöglichte, auf einem Weg extremer Brutalität und unsäglicher Grausamkeiten fortzufahren; und wie diese Mentalität von Verrat, Aggression, Zerstörung, Ausbeutung und Gier viele von denen korrumpiert, die mit ihr in Kontakt kommen, auch unter den Opfern. Wie ein Historiker verfolgt Forbes diese schwere psychische Störung durch die europäische und asiatische Geschichte zurück, bis hin zu den ersten Zeugnissen im alten Ägypten und in Mesopotamien. Und er nennt sie *Wétiko*, nach einem Cree-Wort für »Kannibale«. Damit ist nicht der traditionelle Kannibalismus gemeint, bei dem als Akt der Ehrerbietung ein kleiner Teil des Fleisches eines toten Feindes rituell verspeist wurde. Gemeint ist »ein böser Mensch oder Geist, der andere Geschöpfe durch schreckliche böse Taten terrorisiert«. Forbes sagt: »*Kannibalismus*, wie ich ihn definiere, *ist das Verzehren des Lebens eines anderen für den eigenen privaten Zweck oder Gewinn.*« Und er warnt davor, dass »diese Krankheit, diese Wétiko-(Kannibalen-)Psychose, die größte ansteckende Krankheit ist, die der Mensch kennt«.

Tragischerweise ist nichts davon Geschichte. Der gegenwärtige brasilianische Präsident hat angekündigt, die Vorschriften für den Naturschutz und auch für Schusswaffen aufzuheben, damit Bergleute und Abenteurer den Regenwald »erschließen« und den Indios sogar in ihren Reservaten Land wegnehmen können. Praktisch kündigt er Völkermord an. – Und wie werden die »demokratischen« Länder wohl reagieren? Kann Europa darauf verzichten, am »wahnsinnigen Handel mit Regenwäldern für Monokulturen und Viehzucht« teilzunehmen? ■ Das ist Wétiko-Kannibalismus, der Konsum des Lebens anderer für den eigenen Zweck oder Gewinn. Und er ist überall: in den sklavenähnlichen Arbeitsbedingungen der Arbeiter in Bergwerken, Elektronik- oder Kleiderfabriken, in der Landnahme, der Zerstörung von Lebensräumen, der Massentierhaltung und in den Tiervernichtungslagern. *Die Extraktionsökonomie, in ihrem eiskalten Herzen, ist eine Kannibalenkultur*. Und wir sind nicht in der Lage, dies in etwas ethisch Gerechtes und Anmutiges zu verwandeln, bis wir uns vom Anthropozentrismus getrennt haben. Lassen Sie uns einige der vorherrschenden Lügen des anthropozentrischen Narrativs aufdecken.

Die erste Lüge: »Alles ist Krieg.«

Uns wurde gesagt, dass sich alles in der Natur im Krieg befindet, dass die Evolution den Starken begünstigt und die Schwachen vernichtet. Dies ist eine grobe Fehlinterpretation der Natur bzw. von Darwins Werk. Charles Darwin (1809–1882) lebte im Britischen Weltreich – und damit in einem Epizentrum des menschlichen Größenwahns als Eroberer der Welt. Aber dennoch gelang es ihm, die Grundlagen für ein tieferes Verständnis der Natur zu schaffen. Jedoch war es wohl unvermeidlich, dass Darwins Ideen von den Kriegstreibern gestohlen wurden. »Survival of the fittest« ist ein Begriff, der nicht einmal von Darwin selbst, sondern vom Soziologen Herbert Spencer geprägt wurde. Seitdem hat dieses Schlagwort die Vorstellungen von Ungleichheit und Überlegenheit genährt: »Der Stärkere siegt«, die Verlierer sind schwach und erbärmlich, und der »Rest« des Planeten ist zum Nehmen da. Darwin zögerte nicht nur deswegen so lange, seine Arbeit über die Evolution ■ zu veröffentlichen, weil ihm die Provokation des christlichen Glaubens Sorgen machte, sondern auch, weil er diese Gefahr des gesellschaftspolitischen Missbrauchs fürchtete. ■

In der zweiten Ausgabe seines Buches über die Evolution übernahm Darwin den Begriff »Überleben des Stärkeren«, aber für ihn ging es bei der Evolution um die *langfristige Entwicklung von Arten*. Bei der Evolution geht es nicht darum, dass *Individuen gegeneinander kämpfen*, sondern darum, wie sich Arten in und mit ihrer Umgebung über Zehntausende von Jahren entwickeln. Das ist niemals grausam oder »inhuman« für einen einzelnen Organismus; der weiß nicht einmal, ob seine Art gerade verebbt und von einer anderen übertroffen wird. Und inzwischen hat die Genetik gezeigt, dass es nie Gewinner oder Verlierer gegeben hat: Die DNA der nicht so begünstigten Merkmale verschwindet nämlich nicht, sie wird nur untätig (einige Genetiker haben sie voreilig »Junk-DNA« genannt). Der »Gewinner« erringt den Sieg also nicht für die Ewigkeit, sondern hat nur die *vorübergehend beste Reaktion* auf bestimmte Bedingungen, die seinen Organismus umgeben. Auf dieser Ebene gibt es in der Natur also kein Gewinnen und Verlieren. Aber beunruhigenderweise ist die Gen Drive-Technologie (siehe S. 81) darauf ausgerichtet, die Natur in

161

dieser Hinsicht zu verändern: Durch die Zerstörung der »Junk-DNA« entsteht dann wirklich Wettbewerb, wie es ihn noch nie gab.

Nehmen wir z.B. die Koevolution einer Pflanze und einer Tierart, die diese Pflanze gerne frisst. Die Pflanze entwickelt ein Gift, um den Verbiss auf ein paar Blätter zu beschränken. Mit der Zeit entwickelt das Tier eine gewisse Resistenz, und die Pflanze ändert das Rezept für das Gift. Das Tier passt sich wieder an, usw. Dieser Vorgang wird normalerweise ohne Frage als »Kampf« (um das Überleben) interpretiert. Ich könnte genausogut sagen, dass es ein Tanz ist: weil die Natur überaus erfinderisch ist und alle möglichen Optionen durchspielt. Aber sofort würde ich als romantisch und idealistisch bezeichnet werden. Vielleicht bin ich das, aber ich bleibe dabei: »Kampf« ist *auch nur eine Interpretation*.

Die Industriegesellschaft ist vollständig vom Narrativ des Krieges durchdrungen. Militärjargon ist in der Medizin und Biologie allgegenwärtig (Kolonisation, Abwehrlinie, Ausbruch, Angriff, Antigen, Antikörper, Antibiotikum). Die Landwirtschaft – obwohl der Anbau von Lebensmitteln eine ästhetische Kunstform sein sollte, die im Einklang mit der Natur steht – ist ein Brennpunkt der Schlacht, mit einem breiten Arsenal von chemischen Vernichtungswaffen und mechanischen Schlachtgeräten. Und unser soziales und wirtschaftliches Leben ist vom Wettbewerb geprägt, denn »nur der Stärkere siegt«. So rechtfertigt das Kriegs-Dogma alle Formen von Kannibalismus, den Verzehr der Erde und anderer Lebewesen. Friss, damit du nicht gefressen wirst! Der Grundmodus des modernen Lebens ist die Angst. Der Kapitalismus spielt geschickt mit alten (urzeitlichen) Ängsten. Auf den Punkt gebracht: Geh jetzt shoppen, oder du verhungerst oder wirst von einem großen Säbelzahntiger gefressen!

In Wahrheit ist nicht einmal diese Schreckensvision bewiesen, denn von einer großen Katze oder einem Wolf gefressen zu werden, ist vielleicht gar nicht so furchtbar, wie die Menschheit so lange dachte. Das Gehirn einer Antilope, die vor einem sich nähernden Beutegreifer flieht, wird von Adrenalin und Panikhormonen überflutet. Irgendwann während der Jagd verwandelt sich die Panik in Ekstase. Beim ersten Schlag des Beutegreifers fällt die Antilope und geht in den »Freeze«-Modus, ihr Bewusstseinszustand ändert sich. Angesichts des Todes gibt es nur Akzeptanz und Unterwerfung. Der Körper wird überschwemmt mit Endorphinen, den körpereigenen Schmerzmitteln (chemisch mit Morphin verwandt), so dass, wenn der Beutegreifer zubeißt, die Antilope nicht einmal Schmerzen verspürt. Der internationale Experte für Trauma-Heilung, Dr. Peter A. Levine, erforscht seit über dreißig Jahren Traumata. Er zitiert den Bericht des Entdeckers David Livingstone, der in letzter Minute vor einem hungrigen Löwen gerettet worden war. Das Tier schüttelte ihn kurz, was zu einem Zustand der geistigen Kapitulation und Betäubung führte. (In der Psychologie ist die Nachwirkung dieses Zustandes der »Dissoziation« der Schlüssel zur Traumaheilung bei Überlebenden.) ■ In den Momenten vor dem Tod gibt es einen Zustand des erhöhten Bewusstseins ohne die einschränkenden Ängste des Egos. Ich behaupte, dass der westliche Verstand dieses Sich-Hingeben mehr fürchtet als den eigentlichen Tod. Das ist eben der Preis dafür, dass man anthropo- und egozentrisch ist. (Persönlich erscheint mir die letzte Hingabe an einen Beutegreifer humaner und erleuchtender als der langsame Tod in einem Krankenhaus.)

Auf die Behauptung: »Die Natur ist Krieg«, möchte ich erwidern: »Sie erfreuen sich eines Körpers, der aus etwa Tausend Milliarden Zellen besteht, von denen jede nur existieren kann, weil sie in Symbiose mit winzigen Mitochondrien im Inneren lebt, die Fremde mit einer völlig eigenen und unabhängigen DNA sind. Die Zellen Ihres Körpers bilden komplexe Strukturen von Organen und Systemen, die alle zusammenwirken, um die Vitalität

Ihres Körpers zu erhalten. Und sie werden durch die zehnfache Anzahl von Bakterien unterstützt, die in Ihrem Körper zusammenwirken. Mindestens fünfhundert Arten von ihnen würden Sie innerhalb eines Tages umbringen, falls sie aus der Balance geraten, aber das tun sie nicht. Allein in Ihrem Körper gibt es in jeder Sekunde mehr Akte der Zusammenarbeit als es Tage in Ihrem Leben gibt – und Sie wollen behaupten, dass alles in der Natur Krieg sei?!?«

Die zweite Lüge: »Der Lauf des Fortschritts«

Uns wurde erzählt, dass die Geschichte den kontinuierlichen Aufstieg des Menschen zu immer neuen Höhen der Brillanz, Intelligenz und Unterwerfung der Erde bezeugt. Der Schritt vom Jagen und Sammeln zur Landwirtschaft war angeblich eines der genialsten Unterfangen unserer Vorfahren, und durch immer weitere Verbesserung unserer Werkzeuge kamen wir zum Industriezeitalter und zur digitalen Revolution. Wir sind einfach die »Krone der Schöpfung«. Die noch auf dem Planeten verstreuten Ureinwohner sind kaum aus der Phase des Jagens und Sammelns herausgetreten, deshalb nannten die »überlegenen« Europäer sie ja auch »Primitive« und »Wilde«. Aber war der Schritt zur Landwirtschaft wirklich so positiv?

Überraschende Erkenntnisse aus jüngeren historischen, archäologischen und genetischen Forschungen zwingen uns, das Bild neu zu zeichnen. Zunächst einmal rissen die Landwirtschaft und die Sesshaftigkeit niemanden, der sie zum ersten Mal sah, vom Hocker. Im Gegenteil, es dauerte mehr als vier Jahrtausende (!) vom Aufkommen der ersten Zuchtpflanzen und festen Siedlungen bis zu den frühen Stadtstaaten Mesopotamiens. Niemand war daran interessiert, sich in diese Schmelztiegel aus Menschen, Tieren, schlechten sanitären Einrichtungen und Krankheitserregern zu begeben. Schließlich, da der Homo sapiens etwa 200.000 Jahre alt ist, hat unsere Spezies etwa 95 % ihrer Daseinsspanne als nomadische Jäger und Sammler zugebracht. Die Sicherheit lag für sie gerade in ihrer Mobilität und der Vielfalt der Nahrungsquellen, die reichlich vorhanden, stabil und widerstandsfähig waren: Massenmigration von Großwild und Vögeln, eine Fülle von Kleinwild, Wasservögeln, Fischen und anderen Wasserlebewesen sowie die Fülle an Pflanzen aus verschiedenen Ökosystemen (in der mesopotamischen Ebene, reichten sie von Feuchtgebieten und Auen bis zu Savannen und Wäldern).

Diese Jäger und Sammler hatten viel Zeit für Geselligkeit und andere angenehme Aktivitäten. ■ Was die Nomaden bei ihrem Besuch in den Städten sahen, war in erster Linie Plackerei. Landwirtschaft ist enorm arbeitsintensiv. In der Jungsteinzeit wurden nicht nur Pflanzen und Tiere domestiziert, sondern letztendlich auch der Homo sapiens, der nun an die Runden von Pflügen, Pflanzen, Entkrauten, Mähen, Ernten, Dreschen und Mahlen gebunden war und sich unaufhörlich um die täglichen Notwendigkeiten seiner Felder und Tiere kümmern musste. Daher haben die nomadischen Viehhalter und Jäger und Sammler, wie der Yale-Anthropologe James C. Scott sagt, »sich gegen die Sesshaftigkeit gewehrt und sie oft, richtigerweise, mit Krankheiten und staatlicher Kontrolle in Verbindung gebracht«. ■

Keinesfalls waren diese frühen Städte und Gemeinden Magnete der bürgerlichen Gangart, der sozialen Ordnung und der Freiheit von Angst, die die Menschen durch ihr Charisma und ihre Pracht anzogen. Die beispiellose Konzentration von Mensch und Tier zog auch ungebetene Gäste wie Ratten, Mäuse, Kakerlaken, Zecken und viele Krankheitserreger an – und die Ergebnisse sind bis heute bekannt. Keuchhusten, Hirnhautentzündung, Diphtherie, Polio, Pocken, Masern, Mumps, infektiöse Hepatitis und viele andere Krankheiten begannen ihre Karriere mit der Agrarrevolution. Ihr Aufstieg wurde durch die eher schlechte Ernährung der bäuerlichen Bevölkerung begünstigt, die viel einseitiger war als die der Jäger und Sammler. ■ Interessanterweise nämlich hatte die Wahl der sehr wenigen Zuchtpflanzen – überwiegend Weizen, Gerste, Reis, Kichererbsen und Linsen – *gar nichts* mit ihrem Nährwert oder ihrer Zuverlässigkeit (Widerstandsfähigkeit gegen Wetterlagen, usw.) zu tun zu haben, sondern mit etwas ganz anderem: der Besteuerung.

Getreide ist am geeignetsten für Steuerfestsetzung, Aneignung, Katastererfassung, Lagerung und Rationierung. Andere damals beliebte heimische Nahrungspflanzen, wie Maniok und Yucca, sind pflegeleichter, reifen ebenfalls innerhalb eines Jahres und können sogar zwei weitere Jahre unter der Erde frisch bleiben – aber auch vor dem Steuereintreiber versteckt werden! Selbst gezüchtete Hülsenfrüchte wie Erbsen, Sojabohnen und Erdnüsse dienen nicht so gut als Besteuerungsgrundlage, weil sie »nicht ermittelbare« Kulturen sind, d.h., sie können so lange gepflückt werden, wie sie wachsen. Weizen- oder Reisfelder sind das perfekte Material für den Aufbau eines Staatswesens.

Die Staatenbildung hängt von der Kontrolle, Aufrechterhaltung und Erweiterung der Konzentration von Getreide und Arbeitskräften ab. Wegen der immer wieder auftretenden schweren Bevölkerungsverluste (durch Kriege oder Pandemien) nutzten die Stadtstaaten in großem Umfang unfreie Arbeit und Sklaverei. ■ Viele »Barbaren« blieben lieber außerhalb des domestizierten Gebietes, »die Linie, an der die ›Barbaren‹ beginnen, ist die Grenze, an der Steuern und Getreide enden«, sagt Scott. ■ Und die Städte hatten andere Probleme: Die Bevölkerungsdichte führte zu einer stetigen Entwaldung der flussaufwärts gelegenen Wasserwege, die zu einer Verschlammung der Flussbetten und Überschwemmungen führte; und die intensive Bewässerungslandwirtschaft führte zu einer Versalzung des Bodens, niedrigeren Erträgen und schließlich zur Aufgabe von Ackerland. Solche Verschlechterungen des Ökosystems führten zum Zusammenbruch einiger Städte und zur Migration ihrer Bewohner. Der ökologische Preis für Getreide und Weideland ist die Degration von Böden und Landschaften. Und so begann der menschliche Expansionsdrang…

Im Laufe der Zeit entwickelte die Stadtbevölkerung eine gewisse Immunität gegen die vielen Parasiten, und eine weitere biologische Wirkung kam zum Tragen: Mit der kohlenhydratreichen Ernährung kam die Pubertät früher, die Menopause später und der Eisprung wurde regelmäßiger. Da die Bauerngemeinschaften ständig Arbeiter für die Felder benötigten, praktizierten sie nicht, wie die Jäger und Sammler, verzögerte Entwöhnung oder Verhütung. Trotz sehr hoher Säuglingssterblichkeitsraten und der generell schlechten Gesundheit der Erwachsenen begannen die Bauernvölker zu wachsen. Die Wirtschaftsordnung, die sich aus der Landwirtschaft ergab, trieb den menschlichen Expansionsdrang voran, denn die menschliche Bevölkerung wuchs über die Tragfähigkeit ihrer Heimatländer hinaus. Was uns von jener Zeit überliefert wurde, ist jedoch keine ökologische Frühwarnung, sondern die Geschichte von der Überlegenheit des sesshaften Landbaus und davon, wie der Marsch der Zivilisation »die wilde, primitive, gesetzlose und gewalttätige Welt der nomadischen Jäger und Sammler« ersetzt hat.

Hier in der frühen Landwirtschaft begann auch die entscheidende Spaltung in der menschlichen Psyche. Das bearbeitete Feld bedarf eines so hohen Maßes an Organisation und Disziplin, weil es ständig von der »wilden« Natur bedroht wird: Unkraut, saatfressende Insekten und Vögel, ungünstiges Wetter – die Wildnis wurde zur »anderen Seite«, zur unkontrollierbaren, dunklen, bösen, furchterregenden Kraft der Natur. Das sind die Wurzeln des Anthropozentrismus, sie sind allerdings nur zehntausend Jahre alt. »Die Beziehungen zwischen Menschen sowie zwischen Menschen und anderen Lebewesen wurden durch die Landwirtschaft grundlegend verändert, während das Bevölkerungswachstum zu einem selbstbezogenen Unternehmen […] wurde«, sagt Lisi Krall, Professorin für Wirtschaftswissenschaften an der State University of New York. Die Landwirtschaft war das Ergebnis eines »komplexen Evolutionsspiels [...das] den Kurs und die Voraussetzungen für den Aufstieg des globalen Kapitalismus und das sechste Massensterben festlegte«. ■

Die dritte Lüge: »Der Gipfel der Intelligenz«

Uns wurde gesagt, dass keine andere Kreatur so intelligent sei wie der Mensch. In unserer Arroganz sehen wir uns als weit über den anderen Tieren; wir halten sie für unvollständig und unentwickelt. »Und darin irren wir uns gewaltig«, schrieb der Naturforscher Henry Beston bereits 1928: »Denn das Tier kann nicht am Menschen gemessen werden. In einer Welt, die älter und vollständiger ist als unsere, bewegen sie sich vollständig und vollendet, begabt mit erweiterten Sinnen, die wir verloren oder nie erreicht haben, und leben mit Stimmen, die wir nie hören werden. Sie sind keine Brüder, sie sind keine Untergebenen; sie sind andere Nationen, gefangen wie wir im Netz des Lebens und der Zeit.« ■

Selbst die Landwirtschaft und die Arbeitsteilung sind keine Erfindungen des Menschen, sondern von Ameisen und Termiten, die diese lange vor uns praktizieren. Blattschneiderameisen verarbeiten ihre geschnittenen Blätter in einer Produktionskette, die eine komplexe Arbeitsteilung erfordert. Sie *bauen* ihr Essen an. ■

Die meisten Menschen haben jedoch direktere Erfahrungen mit der Intelligenz von Katzen, Hunden oder Pferden als mit Ameisen. Oder sie haben bemerkenswerte Videoclips von Krähen gesehen, die Labyrinthe und andere Rätsel lösen. Die aufschlussreichsten Beispiele für nichtmenschliche Intelligenz sind jedoch die Wale (d.h. Wale und Delfine). Captain Paul Watson, ein kanadischer Veteran des Schutzes der Meere, sagt, dass Walforscher seit Jahrzehnten die enorme Intelligenz von Walen und Delfinen dokumentieren; eine Intelligenz, die der Entwicklung der menschlichen Primaten um Jahrmillionen voraus ist. In naher

Zukunft werden wir vielleicht besser verstehen, um wie viel weiter entwickelt ihre assoziativen, sprachlichen und kognitiven Fähigkeiten sind. Wir hören nicht viel darüber, weil es wahrscheinlich unseren Stolz zu sehr herausfordert – und weil uns die geistigen Mittel fehlen, wie der Arzt und Neurowissenschaftler Dr. John C. Lilly (1915–2001) sagte: »Was ich nach zwölf Jahren Arbeit mit Delfinen herausgefunden habe, ist, dass die Grenzen nicht in ihnen liegen, sondern in uns.« ■

Delfine und Wale zeigen Intelligenz nicht in der Weise, die für unsere konditionierte Auffassung von Intelligenz erkennbar ist. Damit fordern sie uns heraus, zu einer breiteren De(l)finition dessen, was Intelligenz sein kann, zu finden, erklärt Captain Watson. ■ »Die Menschen entwickelten sich als Werkzeugmacher, besessen von Gefahr und Gruppenaggression. Das macht es uns sehr schwer, intelligente, nicht-manipulative Wesen zu verstehen, deren Evolutionsgeschichte durch reichlich Nahrung und keine Angst vor äußeren Gefahren gekennzeichnet war.« Watson, der seit fünfzig Jahren Wale und Delfine in freier Wildbahn

Zoe (10)

169

beobachtet, beschreibt ihr »diskriminierendes Verhalten im Umgang mit uns«. Für sie sind wir »seltsame Objekte, die beobachtet und mit Vorsicht behandelt werden müssen. Sie können über die offenbare technische Kraft hinausblicken, die wir uns angeeignet haben, und sie können ihr Verhalten entsprechend anpassen. […] Vielleicht mögen sie uns. Wahrscheinlicher ist, dass sie wissen, was wir sind.«

Die mentalen Fähigkeiten der Wale stellen unsere Art, Intelligenz zu definieren und zu messen, in Frage. Für uns, sagt Watson, »zeigt Technik automatisch Intelligenz an«, und ihre Abwesenheit halten wir für Abwesenheit von Intelligenz. Wir sind so vertieft in unsere begrenzte Sichtweise, die wir streng menschlich messen. Damit wir ein intelligentes Wesen als uns überlegen anerkennen können, muss es »mit einer ausgeklügelten Laserpistole aus einem Raumschiff steigen«. Für uns ist »Intelligenz kein nackter Organismus, der frei umherschwimmt, Fisch isst und im Meer Lieder singt«.

Doch ein Wal ist praktisch ein organisches U-Boot, er hat sein Sonar für die Jagd und Kommunikation *organisch* entwickelt. »Stell dir vor, du kannst in den Körper eines anderen Menschen sehen, du kannst den Blutfluss, das Funktionieren der Organe und den Luftstrom in die Lunge sehen. Wale können dies durch Echo-Lokalisierung tun. Wenn ein Tier ertrinkt, wird dies sofort daran erkennbar, dass sich seine Lunge ›sichtbar‹ mit Wasser füllt. Noch erstaunlicher ist, dass emotionale Zustände sofort erkannt werden können. Diese Tiere sind nicht in der Lage, zu täuschen, ihre emotionalen Zustände sind offene Bücher füreinander. Eine solche biologisch erzwungene Ehrlichkeit muss zu vollständig anderen sozialen Beziehungen führen als bei uns.« Da das Sonar diese Informationen als akustisches Signal überträgt, ist es wahrscheinlich, dass Wale solche holographischen »Bilder« über eine einzige Gesangszeile kommunizieren können. Während unsere Sprachen analog sind, können Wale und Delfine digital kommunizieren.

Wir denken, dass das menschliche Gehirn das am weitesten entwickelte aller Säugetiergehirne und das komplexeste in Organisation und Struktur sei. Das stimmt so nicht. Das Walhirn ist in seiner Physiologie einzigartig anders – und weiter entwickelt: Es hat einen vierten Lappen, während unser Gehirn nur drei hat.■ Wir können nicht ergründen, welchen Bewusstseinszustand Delfine und Wale haben oder wie es sich anfühlt, ein solcher zu sein, aber Anatomie und Verhaltensforschung geben uns einige Hinweise.■ Zum Beispiel ist die primäre sensorische Verarbeitung im Verhältnis zur Problemlösung ein wichtiger Indikator für Intelligenz. Diese »assoziative Fähigkeit« – die Verbindung von Ideen – ist eine messbare Fähigkeit. Die assoziative Fähigkeit einer Ratte wird mit 9:1 gemessen, d.h., dass 90 % ihrer Gehirnkapazität mit Sinnesverarbeitung beschäftigt sind, während nur 10 % für assoziative Fähigkeiten übrig bleiben. Eine Katze hat 1:1, also steht ihr die Hälfte des Gehirns für Assoziation zur Verfügung. Ein Schimpanse hat 1:3 und ein Mensch 1:9 – wir benötigen nur ein Zehntel unserer Gehirnkapazität zur Sinneswahrnehmung. Wale und Delfine, weil der vierte Lappen in ihrem Gehirn viel Hirnleistung freisetzt, haben im Durchschnitt 1:25, und manche bis zu 1:40.

Falls Sie den vertrauteren menschlichen IQ-Test bevorzugen: Streng nach der morphologischen Basis und kortikaler Strukturentwicklung allein, kommt ein Hund auf etwa 15, ein Schimpanse auf 35, ein Mensch auf 100 – und ein Pottwal auf 2.000.

»Der Mensch mag der wichtigste Werkzeugmacher der Erde sein«, schließt Watson, »aber der Wal ist vielleicht unser wichtigster Denker.« Und was ist Intelligenz überhaupt? Sie entwickelt sich innerhalb jeder Spezies auf eine einzigartige Weise, um ihr zu helfen. Könnten Sie ein Spinnennetz wirken oder ein Vogelnest mit einem Schnabel statt Händen bauen? Eine Biene, ein Hai, eine Rose oder ein Panther sind besser als jeder andere darin, eine Biene, ein Hai, eine Rose oder ein Panther zu sein. »Eine komplexe Intelligenz existiert in jedem fühlenden Wesen, in dem

171

sie für seine Bedürfnisse relevant ist.« Wale brauchen keine Autos oder Raketen, »vielleicht haben sie bereits entdeckt, dass das ultimative Ziel eines Reisenden darin besteht, wieder dort anzukommen, wo er hingehört – an seinem Platz im Universum«. Was für die Wale – und für uns! – die Erde ist.

Was kann ich tun?

- Die Anerkennung der fortgeschrittenen Evolution von Walen und Delfinen hat tiefgreifende moralische Auswirkungen. Wie können wir darüber schweigen, dass sie als Beifang verletzt oder getötet oder von Sonaren des Militärs und der Ölindustrie gefoltert werden? Sie können sich das Meeresprogramm von Greenpeace oder/und dem WWF ansehen, Petitionen unterschreiben, wenn sie Ihnen über den Weg laufen, oder Ihre eigene starten.

- Zum Anthropozentrismus und seinen Narrativen: Seien Sie immer wachsam und hinterfragen Sie Gewohnheiten und Dogmen.

- Achten Sie auf Konzepte vom »Feind«, auch in Diskussionen. Wenn wir versuchen, eine gerechtere Welt zu schaffen, »können wir keine Vorstellungen von ›anderen‹ mehr haben, die es zu überwinden gilt. Das ist die Eroberungsmentalität, die uns hierhin gebracht hat. Wir müssen diese Denkweise ändern.« (Sherri Mitchell)

- Vermeiden Sie es, Schuld hin- und herzuschieben. Sind Sie grüner als Ihr Nachbar? Wir müssen mit derlei Quengeleien aufhören. Gewohnheiten loszulassen und bescheidener zu leben, ist für jede/n schwer. Wir alle stolpern, scheitern und stehen wieder auf. Konzentrieren wir uns auf die eigentliche Aufgabe des Ökosphärenschutzes.

Zoe (9)

17. Die ökozentrische Weltsicht

Im Ökozentrismus (griech. *oikos*, »Haus« – unser Haus ist die Ökosphäre dieses Planeten) haben die gesamte Natur und die Ökosphäre einen innewohnenden Wert. Hier steht die Erde im Zentrum des Lebens. Mit den Worten von Stan Rowe: »Alle Organismen haben sich aus der Erde entwickelt und werden von der Erde getragen. Somit ist die Erde, nicht der Organismus, die Metapher für das Leben. Die Erde und nicht die Menschheit ist das Zentrum des Lebens, der Schöpfungskraft. Die Erde ist die Gesamtheit, von der wir untergeordnete Teile sind.« ■ »Die gesamte Ökosphäre ist sogar noch bedeutender, denn sie ist umfassender, komplexer, eingliedernder, kreativer, schöner, mysteriöser und älter als die Zeit…« ■

Der Ökozentrismus erkennt an, dass der Mensch Verantwortung für die Ökosphäre trägt, eine moralische Komponente, die zunehmend in der Rechtsprache zum Ausdruck kommt. Solche »Naturrechte« werden nun in einer wachsenden Zahl von natio-

173

nalen Verfassungen verankert und als Erdrecht (Earth Law) oder Naturrechte bezeichnet (siehe nächstes Kapitel).

Aus ökozentrischer Sicht basiert der innewohnende Wert einer Kreatur oder eines Ökosystems nicht auf deren Leistung, anderen Mitgliedern oder einem größeren Ganzen zu dienen. Sie müssen ihren Wert nicht im Sinne einer »Nützlichkeit« beweisen, sondern sie haben ein Recht zu existieren, ganz einfach, weil es sie gibt.

Der Ökozentrismus hat Wurzeln in der Tiefenökologie, die sich in den 1970er Jahren entwickelte. Während die Tiefenökologie die gesamte Natur als metaphysische Einheit sieht, schätzt der Ökozentrismus die Unterschiede und betont die Allianzen und die Solidarität zwischen ihnen.■ Der Ökozentrismus harmoniert zwar mit dem Biozentrismus und dem Zoozentrismus, ist aber umfassender: Während der Zoozentrismus den Tieren und der Biozentrismus allen Lebewesen einen inhärenten Wert beimisst, ist der breitere Begriff des Ökozentrismus das umfassendste Konzept und erkennt an, dass die Ökosphäre die primäre lebensspendende Matrix ist, die alles Leben erhält. Der Ökozentrismus verdeutlicht auch die Gaia-Perspektive, dass die biotischen und abiotischen Elemente zusammen das »große organische Ganze« bilden.

Wir sind Teil dieses Ganzen, und wir waren es schon immer. Aus dem reichen Lebensnetz der Ökosphäre entwickelten wir uns mit allen anderen Arten. Diese sind buchstäblich unsere Verwandten, ob nah oder fern. Diese biologische Verwandtschaft ruft uns auf, das Recht jedes Wesens zu respektieren, nach seinen eigenen Regeln zu existieren, zu gedeihen und sich zu entwickeln. Alles Leben ist voneinander abhängig, und sowohl menschliche als auch nichtmenschliche Organismen sind völlig abhängig von den Ökosystemprozessen der Natur. Auch menschliche Subsysteme wie die Wirtschaft sind von der Ökosphäre abhängig und müssen sie entsprechend behandeln, anstatt sie zu zersetzen. Wie es in der »Erklärung zum Ökozentrismus«■ heißt: »Ökologie

lehrt Demut, da wir nicht alles über die Ökosysteme der Welt wissen und auch nie wissen werden. Dies führt natürlich zu einem fürsorglichen Ansatz für alle Systeme, die die Ökosphäre ausmachen. Bei drohenden schweren oder unumkehrbaren Schäden darf ein Mangel an wissenschaftlichem Verstehen nicht als Grund für die Aufschiebung von Hilfsmaßnahmen herhalten.«

In »Ein Manifest für die Erde« ■ haben zwei ökozentrische Vordenker, Ted Mosquin und Stan Rowe, die Grundprinzipien des Ökozentrismus beschrieben:

Die Kernprinzipien des Ökozentrismus

1. Die Ökosphäre ist das Wertezentrum der Menschheit.
2. Die Kreativität und Produktivität der Ökosysteme der Erde hängt von ihrer Unversehrtheit ab.
3. Das Erde als Zentrum des Weltbilds wird durch die Naturwissenschaften bestätigt.
4. Ökozentrische Ethik basiert auf der Wahrnehmung unseres Platzes in der Natur.
5. Das ökozentrische Weltbild schätzt die Verschiedenheit der Ökosysteme und der Kulturen.
6. Ökozentrische Ethik unterstützt soziale Gerechtigkeit.

Aktionsprinzipien

7. Verteidigt und bewahrt das Schöpfungspotential der Erde.
8. Reduziert die Weltbevölkerung.
9. Reduziert den Verbrauch von Natur und ihren Schätzen.
10. Fördert ökozentrische Führungsstrukturen.
11. Verbreitet die Botschaft. ■

Um ein häufiges Missverständnis zu vermeiden: Ökozentrismus ist *nicht* gegen den Menschen gerichtet, lehnt aber den chauvinistischen Anthropozentrismus ab. Er fördert »die Suche nach bleibenden Werten – eine Kultur der Einwilligung und Symbiose mit diesem einzigen lebenden Planeten«. ■ Und er fördert eine zusammenführende Sichtweise, denn der nur nach »innen« (in menschliche Angelegenheiten) gerichtete Blick, der das »Äußere« (die Ökosphäre) nicht versteht, hält uns in Streitereien gefangen: um humanistische Ideologien, Religionen, Sekten und Stammes-, Rassen- oder Nationalgruppen. Die Verbreitung der ökozentrischen Botschaft, die Betonung der gemeinsamen äußeren Realität der Menschheit, bietet die erste vertrauenswürdige Grundlage für eine *echte* Naturschutzarbeit und »eröffnet einen neuen und vielversprechenden Weg zu internationaler Verständigung, Zusammenarbeit, Stabilität und Frieden«.

Was kann ich tun?

- Unterstützen Sie die aufkeimende Bewegung des Ökozentrismus. Zum Beispiel durch die Unterzeichnung der oben genannten Erklärung zum Ökozentrismus: www.ecologicalcitizen.net/statement-of-ecocentrism.php ■

- Mehr über den Ökozentrismus erfahren Sie unter *The Ecological Citizen* (bisher leider nur auf englisch): www.ecologicalcitizen.net ■

- Verbreiten Sie die Botschaft.

- Vergessen Sie nie, dass – trotz des Begriffs – der Ökozentrismus kein -ismus ist, keine Ideologie, die ausschließen oder überlegen sein will. Die Aufgabe besteht darin, umfassend zu sein, sich zu vereinen und Solidarität mit allen zu finden, die bereit sind, sich für das Leben einzusetzen. ■

Seren (7)

18. Eine knospende Zukunft

Earth Law

Alle Wesen und auch die Kultur und das menschliche Wohlergehen sind von der Erde und ihren lebenserhaltenden Systemen
abhängig. Daher ist es offensichtlich, dass die grundlegenden
Gesetze der menschlichen Gesellschaft die Ökosphäre, in der sie
gründen, anerkennen und schützen müssen. In allen indigenen
Kulturen der Welt bilden »Naturgesetze die Grundlage für ein
respektvolles und harmonisches Zusammensein zwischen Menschen und Nicht-Menschen«. ■ Das Große Friedensgesetz der
Haudenosaunee ■ (Irokesen-Konföderation) zum Beispiel ver-
körperte das Prinzip der *Sieben Generationen*, was bedeutet, dass
jedes menschliche Handeln so gewählt werden soll, dass auch
zukünftige Generationen, einschließlich der siebten, eine schöne
und lebenswerte Erde vorfinden.

Der erste Earth Day, der 1970 gefeiert wurde, signalisierte, dass
»Umweltfragen einen wichtigen Platz im wachsenden Bewusst-

177

sein größerer Teile der Gesellschaft eingenommen haben«. Es folgten eine Reihe solcher Erdgipfel ■, die zwischen 1972 und 2012 begannen, die globale ökologische Krise den Nationen und Regierungen nahezubringen. 2008 nahm Ecuador und 2010 Bolivien die Rechte von Mutter Erde (*Pachamama*) als Grundlage für eine erneuerte Staatsverfassung, inspiriert von den alten indigenen Kulturen der Region. Im Januar 2017 änderte Mexiko seine Verfassung, um »das breitere Spektrum der Naturrechte anzuerkennen, das alle seine Ökosysteme und Arten als kollektive Einheit umfasst, die ihren eigenen Rechten unterliegen«, und »Tiere als fühlende Wesen anerkennt, die daher mit Würde behandelt werden müssen«(§3). ■

Eine internationale Konferenz über die Rechte der Natur (Genf 2016) ■, bereitete eine »Universelle Erklärung der Rechte von Mutter Erde« für die Diskussion in der UN vor. Wichtige Konzepte wie ökozentrische Demokratie (Ökodemokratie■) und rechtliche Wege zur Beendigung von Ökozid wurden diskutiert. Im März 2017 veranstaltete die gemeinnützige Organisation Nature's Rights ■ in Brüssel eine Konferenz zur Förderung der Erdrechtsprechung in der EU. Im selben Monat wurden die Flüsse Whanganui (Neuseeland), Ganges und Yamuna (beide in Indien) die ersten Flüsse der Welt, die vollständige juristische Persönlichkeitsrechte erhielten. Ebenfalls 2017 integrierte die IUCN ■ (die weltweit führende Behörde für Naturschutz) Rechte der Natur in ihre Erlassen und ihr Arbeitsprogramm. Das UN-Netzwerk Harmony with Nature verfügt über mehr als 200 Experten, die für Erd-Rechtsprechung und die Rechte der Natur als systemische Lösung zur Unterstützung des globalen Übergangs arbeiten. ■

Eradicating Ecocide – Den Ökozid ausmerzen

Trotz zahlreicher internationaler Vereinbarungen wie UN-Resolutionen, Verträgen und Protokollen – die Zersetzung der Ökosphäre geht weiter. Das Problem ist, dass keines dieser internationalen

Abkommen Ökozid verbietet. Welches ökologische (oder gar ökozentrische) Programm die UNO auch immer annehmen wird, sie kann nur *empfehlen*, nicht durchsetzen. Was wir brauchen, ist ein juristischer Rahmen des Ökozid-*Strafrechts*, der eine gesetzliche Sorgfaltspflicht schafft und die Täter gegen die Lebenswelt vor einem Strafgericht zur Rechenschaft zieht.

Die Bühne dafür ist bereits vorhanden. Es ist der Internationale Strafgerichtshof (IStGH) in Den Haag (Niederlande) und sein Regierungsdokument, das Römische Statut. Es wurde im Juli 1998 in Rom verabschiedet und ist eines der mächtigsten Rechtsdokumente der Welt. Verbrechen, die bereits in der Zuständigkeit des IStGH liegen, werden zusammen als »Verbrechen gegen den Frieden« bezeichnet. Es sind:

1. Das Verbrechen des Völkermords,
2. Verbrechen gegen die Menschlichkeit,
3. Kriegsverbrechen
4. und das Verbrechen der Aggression. Aber…
5. das Verbrechen des Ökozids – fehlt noch! Es war tatsächlich bereits im Entwurf des Dokuments Mitte der 90er Jahre enthalten, aber in einer geheimen Sitzung wurde es in letzter Minute entfernt. (Stellen Sie sich vor, wie anders unsere Welt bereits sein könnte, wenn es geblieben wäre.) Die Aufgabe ist jetzt, es zurückzubringen. ■

Das wird unsere Welt völlig verändern – zum Besseren.

Ökozid ist ein Verbrechen gegen die gesamte lebendige Natur, nicht nur gegen den Menschen. Ökozid ist ein Verbrechen gegen die Erde. Derzeit fehlt es an einer Schutzverantwortung. Das Ökozidgesetz wird unsere kollektive Sorgfaltspflicht zum Schutz der natürlichen Lebenswelt wiederherstellen. Die völkerrechtliche Erfassung des Ökozidverbrechens ist ein wichtiger Schritt zum Schutz der Erde.

Die in England ansässige Rechtsanwältin und führende Expertin für Ökozid, Polly Higgins, leitet ein internationales Ökozid-

Strafrechtsteam aus Anwälten, Forensikern und ehemaligen Richtern. Sobald das Ökozidgesetz am Horizont auftauchen wird, werden sich die Auswirkungen recht schnell bemerkbar machen, denn Banken, Versicherungen und Investoren werden sich zunehmend unwohl fühlen, wenn sie ökozide Projekte wie Ölexploration, Entwaldung, Meeresausbeutung usw. unterstützen. Die Rolle der fossilen Brennstoffe bei der Zersetzung der Ökosphäre wird ziemlich schnell enden, wenn das Ökozidgesetz in Kraft tritt.

Die Zukunft hat bereits begonnen! Breaking News, Dezember 2018: Ein niederländischer Minister und zwei Shell-CEOs werden wegen der vierzigjährigen Irreführung der Öffentlichkeit über die Klimaauswirkungen fossiler Brennstoffe durch Shell untersucht (siehe S. 121f). Sie wurden »in einer unabhängigen Voruntersuchung über das potentielle Verbrechen des Klimaökozids als Hauptverdächtige identifiziert«. (*EcoHustler*)▪

Was kann ich tun?

- Besuchen Sie Eradicating Ecocide unter www.eradicatingecocide.com ▪ und unterstützen Sie die Sache.
- Wenn möglich, spenden Sie auch dafür. Polly Higgins und ihr Team arbeiten als unabhängige Berater, sie werden nicht von Nationalstaaten bezahlt; jedes Teammitglied bietet seine Zeit frei und pro bono an.
- Werden Sie ein eingetragener Earth Protector bei der Schwester-Website Mission LifeForce. ▪

Werte

Auch in der **Religion** gibt es viel tiefgrünes Potential; und ein Bedürfnis nach Aufarbeitung, da auch die Religionen dereinst durch Wétiko-Hochmut korrumpiert wurden. In ihrer Geschichte haben alle Weltreligionen Kriege oder zumindest Schlachten gegen die Ökosphäre gefördert, und immer noch stellt keine von ihnen die Agroindustrie oder die menschliche Überbevölkerung in Frage – das ist inhuman und »eine fundamentale Sünde gegen die übrige Schöpfung«.■ Vor allem die monotheistischen Religionen waren von Anfang an anthropozentrisch. Um so überraschender war die im Juni 2015 veröffentlichte Enzyklika von Papst Franziskus über die Lebenswelt. Unter dem Titel *Laudato Si: Über die Sorge für das gemeinsame Haus* enthält sie klare Aussagen an »Umweltverschmutzung, Abfall und Wegwerfkultur«, Klima, Wasser und Verlust der biologischen Vielfalt (§ 20-42). Noch immer keine Erwähnung von Familienplanung, aber es ist ein Aufruf zur (fast) integralen Ökologie und – ein rechtzeitiger und nötiger Aufruf zum Handeln.■

Es gibt wahrscheinlich keine tiefere Erforschung des tiefgrünen Potentials der Religionen als Martin Palmers Arbeit mit der Association of Religions and Conservation (ARC)■, die 1995 begann. Das breite Spektrum der ARC-Aktivitäten und -Initiativen■ umfasst:

- Die Assisi-Deklarationen, bei denen die Führer der fünf großen Weltreligionen – Buddhismus, Christentum, Hinduismus, Islam und Judentum – eingeladen wurden, darüber zu diskutieren, wie ihr Glaube zur Rettung der natürlichen Welt beitragen kann. Und seither....
- Islamische Naturschutz-Bildungsprogramme;
- den muslimischen Siebenjahresplan für ein »langfristiges Engagement zum Schutz des lebenden Planeten«;
- Handbücher des Green Pilgrimage Network für verschiedene Glaubensrichtungen;
- Unterstützung des Daoismus in der ökologischen Krise Chinas;
- »Der grüne Hindutempel-Führer«;
- das Naturschutz-Toolkit Stewardship of God's Creation für die Katholische Universität.

Aus der ARC-Erklärung zur Global Alliance for Climate-Smart Agriculture (2014):

»Unsere Glaubenspartner bekunden, dass wir eine Verantwortung für den Schutz des lebendigen Planeten haben, weil er von einem liebenden Schöpfer geschaffen wurde und die Gegenwart des Göttlichen offenbart – was auch immer wir als das Göttliche wahrnehmen. Die natürliche Welt gehört nicht einer Minderheit von reichen oder mächtigen Individuen oder Unternehmen. Sie existiert auch nicht einfach nur, um der Menschheit zu dienen, indem sie »Ökosystemdienstleistungen« oder andere mechanische Rollen anbietet. Stattdessen ist sie eine Manifestation des Göttlichen und ist es wert, um ihres eigenen inneren Wertes willen geschützt zu werden – einschließlich der Tatsache, dass sie schön ist.«

Etwas ganz anderes als »Religion« ist das indigene geistige Leben – es sollte nicht »Glaube« oder »Religion« genannt werden, weil es nichts mit Glauben zu tun hat. Meist als *Animismus* bezeichnet, ist es eine Lebensweise und eine Reihe von Praktiken. Der Animismus (von *anima*, »Seele«) sieht in der gesamten Natur »Geist« und »Leben«. Für erdbewusste Stammesvölker ist der Animismus eine aktive Teilnahme am Austausch in der Natur. Stan Rowe betont, dass »die Menschheit eine Form des Animismus zur Erhaltung ihrer Umwelt und ihrer selbst wiedererlangen muss,« ■ weil der Animismus oder die indigene Spiritualität in ihrem Herzen ökozentrisch ist. Und Rowe zitiert Fritjof Capra: »Wenn das Konzept des menschlichen Geistes als der Zustand des Bewusstseins verstanden wird, in dem der einzelne ein Gefühl der Zugehörigkeit, der Verbundenheit mit dem Kosmos als ganzem (und, wie ich hinzufügen möchte, ›mit der Erde im besonderen‹) empfindet, wird deutlich, dass das ökologische Bewusstsein in seiner tiefsten Essenz spirituell ist.« ■

Schulbildung

Die westlichen Schulsysteme sind insofern völlig veraltet, als ihre Ausformung auf das Industriezeitalter zurückgeht. Damals bestand der Hauptzweck darin, Kinder zu einer gleichgeschalteten, homogenisierten Arbeiterschaft zu machen, zu gehorsamen Staatsbürgern mit wenigen eigenen Gedanken; um in die Art von Jobs überführt zu werden – die jetzt wegen Digitalisierung und billiger Arbeitskräfte anderswo ohnehin verschwinden. Moderne Gesellschaften brauchen das Gegenteil: originelle Individuen mit frischen Ideen, Kreativität, Innovation, Kopf und Herz. Der Kauf von Computern für Kindergärten ist altes Denken und ein Verbrechen gegen diese Kinder. Sie werden ihre IT-Fähigkeiten früh genug beherrschen, aber zuerst sollten sie sich eine solide Basis in der Realität schaffen, ihre Sinne und Motorik entwickeln und ihr Sein im Einklang mit dem Planeten Erde verankern. – Was könnte wichtiger sein, als uns selbst zu ökologischen Bürgern zu entwickeln? Angesichts des Chaos, das wir über uns gebracht haben, ist es nicht von Bedeutung, Details über historische Päpste und Könige oder über die Eroberungen von Cäsar und Napoleon (und anderen völkermordenden Psychopathen, die es an die Spitze geschafft haben) zu kennen.

Schulen gehören oft zu den phantasielosesten Orten, und das ist genau der falsche Weg, um die Potentiale von Kindern zu stimulieren. »Wenn ihr wollt, dass eure Kinder intelligent werden«, sagte Albert Einstein, »lest ihnen Märchen vor. Wenn ihr wollt, dass sie noch intelligenter werden, dann lest ihnen mehr Märchen vor.« Oder, mit den Worten von Neil Gaiman: »Wir alle haben die Verpflichtung, Tagträume zu träumen. Wir haben die Verpflichtung, zu imaginieren. Es ist leicht zu behaupten, dass niemand etwas ändern kann, dass die Gesellschaft riesig und der einzelne weniger als nichts ist. Aber die Wahrheit ist, dass Individuen die Zukunft gestalten, und sie tun es, indem sie sich vorstellen, dass die Dinge anders sein können.«

Wie können wir erwarten, dass sich die Menschheit verändert, wenn Schulen »hierarchische Bildungseinrichtungen bleiben, in denen quantitatives Wachstum, Ausbeutung, kapitalistische Normen und Umweltverschwendung Teil der Gruppenkultur sind?« fragt Prof. Alexander Lautensach von der School of Education der University of Northern British Columbia in Kanada. Er ist Vorreiter in der Entwicklung eines **tiefgrünen Lehrplans**. In dem Bewusstsein, dass Klimazerrüttung »die landwirtschaftliche Produktivität, die Artenvielfalt und die öffentliche Gesundheit mindern und der steigende Meeresspiegel die Küstenregionen […] überfluten wird«, was auch beispiellose Migrationen erzeugen wird, befürwortet Lautensach einen Lehrplan für die *Transition* (den »Übergang« der Weltkultur in eine neue Zeit). Anstelle der überholten Erzählung von »Sicherheit«, »Fortschritt« und »Wachstum« versucht dieser Lehrplan, der anthropozentrischen Konditionierung entgegenzuwirken, der Ethik besondere Aufmerksamkeit zu schenken und kritisches Fragenstellen zu fördern. Es wird auch ein wissenschaftliches Weltbild geben, das Empathie und Schönheit in der Natur umfasst. Das veraltete anthropozentrische Konzept der menschlichen »Sicherheit« wird nicht mehr von realen Bedingungen getragen (da sich seine vier Säulen des Sozialen, Wirtschaftlichen, Ökologischen und Gesundheitlichen auflösen). Es muss durch die *Sicherheit der Ökosphäre* ersetzt werden. Und da das Schulleben immer multikultureller wird, bietet ein ökozentrischer Lehrplan auch Gleichheit bei den Bildungsmöglichkeiten. ■ Erwachsene müssen natürlich auch einfach mit gutem Beispiel vorangehen.

Was kann ich tun?

• Wenn Sie Lehrer/in, Elternteil oder Betreuer/in sind, lesen Sie den vollständigen Artikel über den Übergangslehrplan im *Ecological Citizen* (kostenlos). ■

Kreislaufwirtschaft

So wie die Materialien für Produkte in geschlossenen Kreisläufen fließen müssen (anstatt endlos Müll zu erzeugen), muss auch Geld fließen. Die Art, wie Riesenunternehmen im dunklen anthropozentrischen Zeitalter einfach Riesengewinne aus regionalen Kommunen abziehen, trocknet den Wohlstand von Land und Leuten aus. »I am a vampire, baby, sucking blood from the Earth.« (Neil Young) – Dieser Vampirismus findet ein Ende, weil er nur zu Stillstand führt. Wie Prof. Lesch sagt: »Milliardäre sind Sackgassen für den Kapitalismus. Geld bringt nichts, wenn es nicht wieder zurückläuft.« Es gibt da einen Spruch: »Es gab einmal einen Mann, der war so arm, er besaß nichts außer Geld.« In der Zukunft werden wir Menschen mit Geld eher mit Mitgefühl betrachten als sie zu beneiden.

Harmonie

Zuhören ist der Schlüssel zu unserer Beziehung mit der Natur. »Naturräume haben eine Harmonie, die mich umarmt, wenn ich einen Fuß in sie setze, eine Harmonie des Lebens«, sagt der Umweltwissenschaftler Haydn Washington von der University of New South Wales in Sydney, Australien. »Ich fühle das sowohl als Wissenschaftler als auch als Dichter. Als Wissenschaftler kann ich nämlich nicht ignorieren, was an solchen Orten so klar ist. Ich verstehe (als Ökologe), dass diese Harmonie ein dynamisches Gleichgewicht ist, in dem es einen Zustand des Flusses gibt… und doch hält die Harmonie an. In der Tat, wenn du zuhörst, dehnt sich die Harmonie aus und lehrt dich.«

»In erster Linie glaube ich, dass es Harmonie ist, die wir anstreben sollten: Es sollte unsere Mission, unser Ziel, unsere Vision und unser Weg sein. Wir müssen eine Ethik der Harmonie suchen, eine wahre Erd-Ethik.« Washington ist keineswegs allein damit. Das im Dezember 2009 in Aktion getretene UN-Programm Harmony with Nature sagt: »Die Initiative Harmonie mit der Natur spricht für die Notwendigkeit, sich von einer menschenzentrierten Weltanschauung – dem ›Anthropozentrismus‹ – zu lösen und eine nicht-anthropozentrische oder erdzentrische Beziehung mit dem Planeten aufzubauen. Unter diesem neuen Paradigma wird die Natur als gleichberechtigter Partner der Menschheit anerkannt und nicht mehr nur als Rohstoffquelle betrachtet, um immer mehr Güter zu produzieren und die unbestimmte private Anhäufung von Kapital zu nähren.«

»Das Bewusstsein für Harmonie geht Hand in Hand mit einem Gefühl des Staunens, der wahren Liebe zum Land«, sagt Washington. »Viele andere Konzepte knüpfen an diesen Begriff der Harmonie an, wobei *Respekt* und *Verantwortung* die naheliegendsten sind. Wir müssen den tiefsten Respekt und die größte Ehrfurcht vor dieser gewachsenen Harmonie der natürlichen Orte entwickeln. Und wir sollten uns in der Verantwortung fühlen, diese Harmonie aufrechtzuerhalten, und in der Pflicht, ihr zu helfen und ihr Fortbestehen zu feiern.«

Was kann ich tun? (nach Washington 2018)

• *Seien Sie* mit der Natur! Gehören Sie zum Land.

• Nehmen Sie Ihre Kinder und Freunde mit an wilde Orte, damit sie die natürliche Welt so sehen können, wie sie wirklich ist, und verbinden Sie sich mit ihr.

• Nehmen Sie sich Zeit zum Zuhören und Nachdenken.

• Halten Sie Ihre Phantasie, Kreativität und Ihren künstlerischen Ausdruck am Leben. Sie erneuern Ihren Sinn des Staunens.

• Schätzen Sie die Vorstellungskraft Ihrer Kinder und lassen Sie sie mit unstrukturiertem Spiel an natürlichen Orten (auch kleinen) spielen.

Verantwortung

Erwachsene nennen Teenager oft »verwöhnte Bälger«, aber in Wirklichkeit ist unsere gesamte Kultur so dekadent wie es nur geht. Menschen, Bewegungen, Nationen fordern immer ihre »Rechte«, vermeiden es aber, von Verantwortlichkeiten zu sprechen. »Ich habe das Recht, mein tägliches Steak zu essen!«, »…einen spritschluckenden SUV zu fahren!«, »…das zu tun, was mir gefällt!« – Nein, haben Sie nicht! Jedenfalls nicht mehr auf einem überbevölkerten Planeten. Werden wir erwachsen!

Eine ausgezeichnete Sichtweise auf die Balance von Rechten und Pflichten bietet Sherri Mitchell/Weh'na Ha'mu'Kwasset (»Sie, die das Licht bringt«), eine indianische Anwältin, Autorin, Lehrerin und Aktivistin vom Penobscot River in Maine (USA). Sie sagt, dass das indigene Wort für Recht »(Seelen-)Verwandtschaft mit einem anderen eingehen« bedeutet und dass alle indigenen Rechte als auf dem »Ersten Vertrag« beruhen, der »mit dem Schöpfer geschlossen wurde, als wir erstmals in diese Welt kamen.«

»Es ist dieser Vertrag, der uns alle Rechte gibt, die wir nach den Gesetzen des Menschen in Anspruch nehmen. Um diese Rechte geltend zu machen, müssen wir die Verantwortung übernehmen, die uns im Rahmen dieser Vereinbarung zufällt. Wir sollen in Harmonie mit der natürlichen Welt und allen Lebewesen leben.

Mit diesem Abkommen haben wir das Recht, unbelastet auf diesem Land zu leben und vollen Zugang zu allen Quellen unseres Überlebens zu haben. Wir betrachten diese Dinge nicht als ›Ressourcen‹. Sie sind die *Quellen* unseres Überlebens, keine ›Ressourcen‹ zur Ausbeutung und Verwertung. Dinge wie Wasser, Nahrung, Unterkunft – wir haben die Möglichkeit, diese Dinge zu genießen, solange wir *unsere* Verantwortung wahrnehmen, in ausgewogener Harmonie mit dem Rest der Schöpfung zu leben.

Ohne diese Balance würden wir den Boden zerstören, auf dem diese Rechte gründen. Das Versagen der Industrie, die Verantwortung für die Zerstörung unseres Planeten zu übernehmen, und unsere Nachlässigkeit und Mittäterschaft nehmen uns bald unser Recht, hier auf Mutter Erde zu existieren.«

Sherri Mitchell betont, dass die Menschenrechte voneinander abhängig sind, verknüpft mit den Rechten *aller anderen* Lebewesen, die sich hier auf der Erde niedergelassen haben. Und sie erklärt, dass diese Prinzipien auch »in unserem individuellen Leben und der Arbeit, die wir gemeinsam zum Schutz der Menschenrechte und der Erd-Rechte leisten, gelten«. Es ist wichtig, nie zu vergessen, dass *unsere Forderung nach Rechten mit einer Reihe klarer Verantwortlichkeiten ausgewogen sein muss, dass wir bereit sein müssen, mehr zu tun, als eine Forderung zu stellen, nämlich bereit sein, aktiv an der Schaffung einer Welt zu arbeiten, in der diese Forderung auch erfüllt werden kann:*

- »Wir können keinen Anspruch auf sauberes Wasser erheben, ohne die Verantwortung dafür zu übernehmen, dass die Verseuchung und Übernutzung des Wassers aktiv verhindert wird.«

- »Wir können uns nicht auf ein Recht auf saubere Luft berufen, ohne die Verantwortung für die Schaffung gesunder und nachhaltiger Energiequellen und industrieller Praktiken zu übernehmen.«

- »Wir können kein Recht auf eine gerechtere Wirtschaft geltend machen, ohne Verantwortung dafür zu übernehmen, wo und wie wir unser Geld ausgeben.«

Und ihr letzter Punkt ist wichtig für unsere Auseinandersetzung mit Überbevölkerung und Migration:

- »Wir können kein Recht auf Leben beanspruchen, ohne Verantwortung für das bereits geschaffene Leben zu übernehmen.«

Seren (6)

19. Hoffnung und Mut finden

Soziologische Studien zeigen, dass für eine große Transformation nicht die gesamte Bevölkerung ein Problem (an)erkennen muss. 2–3 % der Bevölkerung sind genug, dazu eine starke Basisbewegung und ein paar Leute im Parlament. So setzte sich z. B. die Abschaffung der Sklaverei in den 1860ern durch, oder das Frauenwahlrecht durch die Suffragetten-Bewegung im frühen 20. Jh. Heute wächst die Zahl der Erdschützer (Earth Protectors) stetig, ebenso wie die Allianzen zwischen Gruppen und Bewegungen. Und wir haben die mächtigste Verbündete, wie uns der Naturforscher Joe Gray in Erinnerung ruft: »Wir und die Erde gehen in die gleiche Richtung.«

Tatsächlich gibt es zahllose Lebensschutzprojekte und -initiativen. Es gibt so viele Lösungen – für bessere Methoden, für mehr Fürsorge und ökologisch nachhaltige Formen der Landwirtschaft, der Wirtschaft, des Schulwesens und des sozialen und

189

politischen Lebens. Es gibt viel Licht, das begonnen hat, durch die Dunkelheit zu leuchten.

Aber dann schwankt unsere Stimmung wieder, man sieht die mächtige kanibalistische Megamaschine, die keinen Zentimeter nachgibt, noch ein und noch ein Jahr des »Business as usual«, während der Menschheit ernsthaft die Zeit davonläuft. Die auf Fakten beruhende Hoffnung leidet unter dem Wackeln, dem Oszillieren unserer Stimmungen bei den täglichen Nachrichten. Wir brauchen zusätzliche Kraftquellen, die auf etwas Sprituellem beruhen. Wir müssen Kraft und Mut *in uns selbst* finden.

Religiöse Menschen haben da Glück. Alle Weltreligionen haben starke *grüne* Samen in ihrer Überlieferung (wenn auch manchmal recht verborgen), die zu wunderbaren Pflanzen der Erdheilung heranwachsen können. Wir erinnern uns vielleicht auch an Sir George Trevelyans Worte: »Unterschätzen Sie nicht die Chancen auf göttliche Einmischung.« Jedoch dürfen uns Glaube und Hoffnung *niemals* passiv halten, denn allein das Warten und Beobachten der großen Zerstörung bedeutet Mittäterschaft.

Was haben wir sonst noch? Die Vernunft – sie kann auch helfen. Bevor wir jemals aufgeben, sollten wir nicht vergessen, dass es in der Geschichte der Menschheit immer wieder schnelle Sprünge gegeben hat. Es gab viele Kriegswirtschaften, und die Menschen wussten sich ihnen anzupassen. Dass ein altes Regime zusammenbricht, wird von den Herrschern und den Massen in der Regel erst dann wahrgenommen, wenn es auch wirklich passiert. Und die Tatsache, dass niemand im Voraus wissen kann, wie die ganze Geschichte ausgehen wird, ist nur natürlich. Vielleicht braucht die Menschheit etwas Schmerz, um wirklich zu lernen; dann, um mit den Worten Patrick Currys zu sprechen, »ist die Entfaltung der Geschichte selbst [unsere] beste Hoffnung auf ein glückliches ›Ende‹«. ■

»Ganz gleich, wie dunkel die Zukunft auch erscheinen mag, wir müssen uns der Verzweiflung verweigern« sagt Curry außerdem ■ und wird von Mary Robinson, der ehemaligen Präsidentin Irlands, unterstützt: »Das Gefühl ›Das ist zu groß für mich, ich gebe auf‹ nützt niemandem. Mit Verzweiflung geht die ganze Energie, etwas zu tun, aus dem Raum.« ■ Denn Verzweiflung ist lähmend und damit eine *self-fulfilling prophehy*.

»Verzweifeln,« sagt Gandalf, »tun nur jene, die das Ende unzweifelhaft erblicken. Das tun wir nicht.« ■ Wenn Sie ein Fan von »Der Herr der Ringe« sind (und wer ist das nicht), ist Ihr Rezept gegen Verzweiflung klar: Angesichts überwältigender Widrigkeiten und ohne einen vernünftigen Grund zur Hoffnung braucht man den Mut, die Authentizität und die Ausdauer von Frodo; und am Ende kommt der alles rettende Impuls von der Demut und Hingabe Sam Gamdschies.

Ein andere Falle ist der Menschenhass: Warum nicht den Menschen verachten, den Agenten all dieser Zerstörung? Weil wir es nicht können! Wenn wir die Erde und *alle* ihre Kinder schätzen, wie könnten wir dann unsere eigene Spezies »von der Fürsorge ausschließen, mit der wir versuchen, alle zu umgeben?« Außerdem ist es nur ein weiterer verborgener Anthropozentrismus, unsere Art für einzigartig zu halten, in diesem Fall für einzigartig grausam. Oh, wir sind so etwas Besonders! Und außerdem, sagt Curry, »ist es alles andere als wahr, dass alle Menschen gleichermaßen destruktiv sind. Sie alle zu verdammen, ist also nicht nur unfair, sondern vertreibt auch diejenigen, die wir an unserer Seite – an der Seite der Erde – brauchen.« ■

Wir haben keine Garantien und nichts zum Festhalten. Wir können nicht wissen, ob die Zivilisation, die Menschheit oder die ganze Biosphäre vor dem letzten tödlichen Schlag bewahrt werden kann. Aber wir müssen unser Bestes geben, denn: »Wer weiß? Es muss einen Versuch wert sein, denn wenn wir es nicht versuchen, wird die Antwort gewiss ›Nein‹ sein. Wenn wir es versuchen, gibt es zwar keine Garantien; aber dann gibt es eine Chance.« ■

Letztendlich geht es darum, im Lebendigen selbst den endgültigen Wert zu finden. ■ Wir brauchen keine Ideologie und nicht einmal Hoffnung. Wir tun einfach nur *das Richtige*. Diejenigen, die sich für das »Richtige« einsetzen, tun es nicht, weil sie denken, dass es funktionieren wird. Sie tun es, weil es einfach das Richtige ist.

Während der Besetzung von Wounded Knee 1973 wurde der Führer des American Indian Movement (AIM), Russell Means, gefragt, was ihn entgegen allen Erwartungen aufrechterhielt, und er antwortete: »Wir machen uns keine Sorgen über Sieg oder Niederlage. Wir machen uns keine Sorgen über unsere überwältigend schlechten Chancen. Wir beziehen Stellung, weil es das Richtige ist, und weil es der richtige Ort dafür ist.« ■ Captain Watson, der dies erzählt, sagt: »Wir müssen bereit sein, in der Gegenwart zu stehen, um eine bessere Welt für morgen zu schaffen. Ich bin immer optimistisch, weil ich glaube, dass die Antwort auf ein scheinbar unmögliches Problem darin besteht, eine unmögliche Lösung zu finden. Und ich glaube, dass Phantasie und Mut, angetrieben von Leidenschaft, der Weg zu unmöglichen Lösungen ist.«

Und nichts ist inspirierender und ermutigender als die Liebe. Es gibt so viel, wofür es sich zu leben lohnt. »Selbst in einer Welt des Sterbens«, sagt Jonathan Franzen, »werden immer wieder neue Lieben geboren.« ■

»Die Liebe ist ein Geheimnis. In gewissem Sinne spielt es also keine Rolle, ob die Erde lebt oder nicht. Unsere Liebe zu ihr ist etwas, das wir geben. Und im Gegenzug gibt sie uns ihre Liebe.« ■ (Jack D. Forbes) Man denke nur an die Schwerkraft: Es ist Gaias liebevolle Umarmung, ohne die wir ins All entschweben und sofort verwelken würden. So, wie es ist, erhält sie uns alle, Tag für Tag. Und wie unsere Vorfahren auf allen Kontinenten können wir Gaia als ein mächtiges und göttliches Wesen sehen, das Wunder und Ehrfurcht, Respekt und Dankbarkeit, Freude und Liebe in unserer Seele hervorruft.

Sherri Mitchell/Weh'na Ha'mu'Kwasset sagt: »Es ist an der Zeit, dass wir alle in unsere Rolle als ›Vorfahren der Zukunft‹ eintreten und die nächsten sieben Generationen ins Leben imaginieren. Dabei müssen wir erkennen, dass es nicht genügt, ihnen Leben zu geben. Wir müssen auch daran arbeiten, ihnen eine Welt zu bieten, die in der Lage ist, ihr Leben zu erhalten. Das ist die Arbeit unserer Zeit, die Arbeit unseres Lebens. Um mit dieser Arbeit erfolgreich zu sein, müssen wir uns wieder mit dem Faden des Lebens verbinden. Wir müssen die spirituelle Sprache unserer Vorfahren lernen und die Beziehung erneuern, die sie seit langem mit der übrigen Schöpfung hatten. Gemeinsam müssen wir […] eine neue Geschichte schreiben, die auf Kooperation und bewusster Mitgestaltung einer humaneren und heiligeren Lebensweise beruht.« ■

Wenn meine Tochter in große Schwierigkeiten käme, würde ich für sie da sein wollen. Und wenn nötig, mein Leben geben, damit sie leben kann. Das wäre in jeder Hinsicht besser, als nicht da gewesen zu sein, wenn sie mich am meisten gebraucht hätte. Wo es Liebe und Verantwortung gibt, gibt es keinen Raum für Angst. Oder Verzweiflung. Oder Verleugnung. Es gibt nur die Fürsorge und das zu tun, was getan werden muss. Genauso ist es mit der Erde. Sie ist von Gruppen gefährlicher Wahnsinniger als Geisel genommen worden, und ich möchte in ihrer dunkelsten Stunde für sie da sein, mit euch allen, meinen Schwestern und Brüdern, und all unseren Verwandten. Wenn ich die Zeit meiner Inkarnation in dieser sterblichen Hülle neu wählen könnte, würden die friedlichen Felder Arkadiens im alten Griechenland oder ein sinnliches, freudvolles indigenes Leben auf einer Südseeinsel vor langer Zeit meine müde Seele in Versuchung führen. Aber dann würde ich doch wieder diese Zeit wählen, das dunkle, beunruhigende frühe 21. Jahrhundert mit seinen verseuchten Elementen, unterbrochenen Zyklen, zerfetzten Lebenssystemen und der ausgeweideten Biosphäre. Wenn menschliche Überheblichkeit die Hölle auf Erden entfesselt hat, dann braucht die Erde all ihre Liebhaber am meisten.

Das ist es, worum es geht: Wir kommen HIER an, endlich, ganz und gar von Herzen. Wenn wir so in uns selbst eintreten und die Flammen unserer leidenschaftlichen Liebe zu allem, was lebt, emporlodern lassen, uns verwandeln lassen wie der Phönix, dann können wir ein aktiver Teil der Geburt einer Zukunft sein, die für *alle Wesen lebenswert* ist. Ein glücklicher Planet kann sofort beginnen!

Gaia, Allmutter,
Urgrund, die Älteste,
Für dich will ich singen.

Sie nährt alle Geschöpfe.

Wer auch immer du bist,
ob du auf ihrem gesegneten Boden gehst
oder dich entlang der Pfade des Meeres bewegst
oder ihr, die fliegt,
Sie ist es, die euch aus ihrer Schatzkammer nährt.

aus der Hymne an Gaia von Hesiod (ca. 750 v.Ztr.)

Wesentliche Literatur

Eileen Crist und H. Bruce Rinker 2010. *Gaia in Turmoil*. Cambridge: The MIT Press.

Patrick Curry 2011. *Ecological Ethics: An introduction*. Cambridge, UK: Polity Press

Stephan Harding 2009. *Animate Earth: Science, Intuition and Gaia*. 2. Aufl., Cambridge: Greenbooks.

Ernst Ulrich von Weizsaecker, Anders Wijkman et al. 2017. *Wir sind dran: Was wir ändern müssen, wenn wir bleiben wollen*. Club of Rome: Der große Bericht. Gütersloher Verlagshaus.

The Ecological Citizen: www.ecologicalcitizen.net

Abbildungsverzeichnis

Blossom Messenger: page 7, 19, 34, 39, 56, 59, 69, 121, 145; **Myla Twilley-Lilly**: x, 2, 26, 32, 42, 98, 142; **Shanti Twilley**: 14, 93, 110, 116; **Kunsang Twilley**: 104; **Zoe Twilley**: 169, 173; **Tula Mills**: viii, 48, 64, 106; **Leala Mills**: 65, 97, 143, 150; **Quinn Mills**: 9, 83, 85; **Seren Power**: 177, 189; **Julia Hageneder**: 61.

Über den Autor

Fred Hageneder ist vielen durch seine ethnobotanischen Bücher wie *Der Geist der Bäume* und *Die Eibe in neuem Licht* bekannt. Er ist mit SANASI vernetzt, einer internationalen Gruppe von Wissenschaftlern, die indigene Hüter in der ganzen Welt dabei unterstützen, ihre »heiligen Stätten in der Natur« (**Sa**cred **Na**tural **Si**tes) zu schützen. Und er ist Mitglied der Ecocentric Alliance, einer Vereinigung von Universitätsprofessoren, Autoren, Ökologen, Naturschutzexperten und Aktivisten, die weltweit für ein tiefenökologisches Umdenken in allen Gesellschaftsschichten wirkt.

Fred Hageneder lebt und arbeitet in Großbritannien, mit einem besonderen Fokus auf dem Schutz der uralten Eiben, die die altehrwürdigsten Bäume Europas darstellen.

www.geist-der-baeume.de

meditation & more

Buch- und
Aura-Soma-Laden

Venloer Str. 5-7
50672 Köln
Tel. 0221–823 85 76

www.meditationandmore.de

NEUE ERDE im Buchhandel

Neue Erde ist ein kleiner unabhängiger Verlag, und der
unabhängige Buchhandel ist unser natürlicher Partner.
Wir unterstützen die Initiative »buy local«.

Sollte es Lieferschwierigkeiten bei den Büchern von NEUE ERDE geben,
lassen Sie immer im VLB (Verzeichnis lieferbarer Bücher) nachsehen, im
Internet unter www.buchhandel.de

Alle lieferbaren Titel des Verlags sind für den Buchhandel verfügbar.

Auch mobil können Sie, zum Beispiel mit der
App von LChoice, unsere Bücher
beim örtlichen Buchhändler kaufen.

Sie finden unsere Bücher auch auf unserer Homepage www.neue-erde.de
oder in unserem Gesamtverzeichnis, welches Sie gerne hier anfordern
können:

NEUE ERDE GmbH
Cecilienstr. 29 · 66111 Saarbrücken
info@neue-erde.de